应用型本科院校规划教材/经济管理类

The Practical Training Course of Preparation and Analysis in Enterprise Financial Report

企业财务报告编制与分析实训教程

主 编 田凤萍 盛文平
副主编 苏善江 王春燕

哈尔滨工业大学出版社
HARBIN INSTITUTE OF TECHNOLOGY PRESS

内容简介

本书的主要内容包括财务会计报告的编制与分析的基本理论和基本原理、分析的一般程序、财务分析报告的编写等内容。本书旨在培养学生掌握企业财务会计报告的编制与分析中的问题，运用一定方法对企业偿债能力、营运能力、获利能力、发展能力和综合能力进行分析，并将分析的结果予以评价。同时能够熟练灵活地运用各种会计报告的编制与分析的方法和技巧，由浅入深循序渐进地对企业各种会计报告进行编制与分析。

本书可作为应用型本科院校会计专业、财务管理专业实训教材，也可以作为高等职业技术学院、高等专科学校、成人高等学校会计专业、管理类专业的专业课的实训及参考教材，也可供经济管理人员、财会人员等实务工作者学习、参考。

图书在版编目（CIP）数据

企业财务报告编制与分析实训教程/田凤萍，盛文平主编.
—哈尔滨：哈尔滨工业大学出版社，2011.6（2015.7 重印）
应用型本科院校规划教材
ISBN 978-7-5603-3297-0

Ⅰ.①企⋯　Ⅱ.①田⋯②盛⋯　Ⅲ.①企业管理-会计报表-编制-高等学校-教材②企业管理-会计报表-分析-高等学校-教材　Ⅳ.①F275.2

中国版本图书馆 CIP 数据核字（2011）第 101937 号

策划编辑	赵文斌　杜　燕
责任编辑	刘　瑶
出版发行	哈尔滨工业大学出版社
社　　址	哈尔滨市南岗区复华四道街 10 号　邮编 150006
传　　真	0451-86414749
网　　址	http://hitpress.hit.edu.cn
印　　刷	哈尔滨市石桥印务有限公司
开　　本	787mm×960mm　1/16　印张 10.25　字数 228 千字
版　　次	2011 年 6 月第 1 版　2015 年 7 月第 3 次印刷
书　　号	ISBN 978-7-5603-3297-0
定　　价	20.00 元

（如因印装质量问题影响阅读，我社负责调换）

《应用型本科院校"十二五"规划教材》编委会

主　任　修朋月　竺培国

副主任　王玉文　吕其诚　线恒录　李敬来

委　员　（按姓氏笔画排序）

丁福庆　于长福　马志民　王庄严　王建华

王德章　刘金祺　刘宝华　刘通学　刘福荣

关晓冬　李云波　杨玉顺　吴知丰　张幸刚

陈江波　林　艳　林文华　周方圆　姜思政

庹　莉　韩毓洁　臧玉英

序

哈尔滨工业大学出版社策划的《应用型本科院校"十二五"规划教材》即将付梓，诚可贺也。

该系列教材卷帙浩繁，凡百余种，涉及众多学科门类，定位准确，内容新颖，体系完整，实用性强，突出实践能力培养。不仅便于教师教学和学生学习，而且满足就业市场对应用型人才的迫切需求。

应用型本科院校的人才培养目标是面对现代社会生产、建设、管理、服务等一线岗位，培养能直接从事实际工作、解决具体问题、维持工作有效运行的高等应用型人才。应用型本科与研究型本科和高职高专院校在人才培养上有着明显的区别，其培养的人才特征是：①就业导向与社会需求高度吻合；②扎实的理论基础和过硬的实践能力紧密结合；③具备良好的人文素质和科学技术素质；④富于面对职业应用的创新精神。因此，应用型本科院校只有着力培养"进入角色快、业务水平高、动手能力强、综合素质好"的人才，才能在激烈的就业市场竞争中站稳脚跟。

目前国内应用型本科院校所采用的教材往往只是对理论性较强的本科院校教材的简单删减，针对性、应用性不够突出，因材施教的目的难以达到。因此亟须既有一定的理论深度又注重实践能力培养的系列教材，以满足应用型本科院校教学目标、培养方向和办学特色的需要。

哈尔滨工业大学出版社出版的《应用型本科院校"十二五"规划教材》，在选题设计思路上认真贯彻教育部关于培养适应地方、区域经济和社会发展需要的"本科应用型高级专门人才"精神，根据黑龙江省委书记吉炳轩同志提出的关于加强应用型本科院校建设的意见，在应用型本科试点院校成功经验总结的基础上，特邀请黑龙江省9所知名的应用型本科院校的专家、学者联合编写。

本系列教材突出与办学定位、教学目标的一致性和适应性，既严格遵照学科体系的知识构成和教材编写的一般规律，又针对应用型本科人才培养目标及与之相适应的教学特点，精心设计写作体例，科学安排知识内容，围绕应用讲授理论，做到"基础知识够用、实践技能实用、专业理论管用"。同时注意适当融入新理论、新技术、新工艺、新成果，并且制作了与本书配套的PPT多媒体教学课件，形成立体化教材，供教师参考使用。

《应用型本科院校"十二五"规划教材》的编辑出版，是适应"科教兴国"战略对复合型、应用型人才的需求，是推动相对滞后的应用型本科院校教材建设的一种有益尝试，在应用型创新人才培养方面是一件具有开创意义的工作，为应用型人才的培养提供了及时、可靠、坚实的保证。

希望本系列教材在使用过程中，通过编者、作者和读者的共同努力，厚积薄发、推陈出新、细上加细、精益求精，不断丰富、不断完善、不断创新，力争成为同类教材中的精品。

黑龙江省教育厅厅长

前　言

《企业财务报告编制与分析实训教程》是以生产企业为背景,按着2006年颁布的《企业会计准则》要求,设计企业各种会计报表及表中的项目,添加灵活、适用的会计报告的编制与分析案例。其目的在于让学生既可掌握一定的本专业所需要的专业理论知识,又可掌握从事本专业实际工作的基本技能,并能适应各种类型企业财务管理与财务分析的形势发展,提高自身社会适应能力和解决实际问题的能力。

为适应工商管理学生实训的教学需要,编者在认真总结了企业财务报告和企业实际的基础上,充分结合工商管理实训教学的特点,注重理论与实际的紧密结合,从企业财务报告的编制与分析的实际出发,以丰富的资料,较为详尽、贴切地设计了企业财务报告的分析的案例。其目的在于训练学生的基本原理、基本程序和基本方法的掌握程度,提高学生的认识问题、分析问题和解决问题的能力。

财务会计报告编制与分析的相关知识不仅是会计专业学生的必备知识,同时也是其他经济类学科的学生知识体系的必要补充。本书根据教学要求,每一个实训内容在设计上力求通俗、简洁,目的性明确,易于理解和掌握。本书既侧重企业会计报告的编制,同时又有设计各种报告的分析方法,使学生在把握财务会计报告的编制与分析的同时,有重点地进行实际业务的操作。从局部训练到整体分析,强调对学生应用能力的培养。本教材的编写,符合应用型本科教育的培养目标,能将理论教育和技能教育有机的结合在一起。

本书主要是由哈尔滨剑桥学院工商管理系的教师编写。具体编写情况如下:第一章、第四章和附录由田凤萍老师编写;第二章由苏善江老师编写;第三章的【实训六】至【实训九】由王春燕老师编写,【实训十】至【实训十六】由盛文平老师编写。同时刘莹莹、李刚、王霄老师也参与了本书的编写工作,收集和提供了相关资料。本书由田凤萍和盛文平担任主编,对全书的结构进行设计,并对全部书稿进行了总撰。

本书在编写过程中参考和借鉴了国内一些财务报表(报告)分析的教材及相关著作,在此向所有有关参考文献的作者表示感谢!

由于时间仓促,以及对会计学及相关知识的理解和掌握有限,书中难免存在错漏和不足,真诚期望有关人士批评指正。

编　者
2011年3月

本书说明

一、基础知识简介

（一）财务报告的定义与构成

财务报告，是企业对外提供的反映企业某一特定日期的财务状况和某一会计期间的经营成果、现金流量等会计信息的文件。财务报告包括会计报表和其他应当在财务报告中披露的相关信息和资料。

财务报表至少应当包括资产负债表、利润表、现金流量表、所有者权益（股东权益）变动表，和附注（按2006年颁布的《企业会计准则》规定编写）。

（二）财务报告的编制

各种会计报告的编制。包括主表的编制（资产负债表、利润表、现金流量表、所有者权益（股东权益）变动表的编制）及会计报告各项目的编制。

（三）财务报告的分析

(1) 各会计报表分析。主表的分析包括资产负债表、利润表、现金流量表、所有者权益（股东权益）变动表、润分配表、资产减值明细表等。

(2) 财务分析指标体系。包括企业偿债能力分析、营运能力分析、获利能力分析、发展能力及企业综合能力分析等。

(3) 各种分析方法运用。包括趋势分析、因素分析、比较分析、比率分析等。

(4) 企业价值判断。包括企业价值判断的目的和内容，以现金流量为基础的价值评估方法；以经济利益为基础的价值评估方法；以价格比为基础的价值评估方法。

（四）撰写财务分析评价报告

在财务报告编制与分析的基础上，对企业的各项指标进行综合评价，并能撰写企业的财务分析评价报告。

二、实训总体要求

本书所涉及的财务分析指标体系，主要参照2010年会计职称考试大纲的基本要求，部分指标可能与所授课程的教材不同。指导教师可以指导学生按所授课的教材为主，也可按会计职称考试的教材计算并分析。为了便于在实验中有所比较，本书在第五章中加入了各项财务指标的计算公式与分析提示。

其他方面的要求如下：

(1)凡要求计算的项目,均应列出计算过程,需要进行分析的,也要将分析的过程写清楚。

(2)计算结果有计算单位的,应标明。货币单位,没有另有所指的,专指人民币。

(3)计算结果有小数的,除特殊要求外,均保留两位小数点。如果遇到有些指标在保留2位小数确实难以比较的情况,则保留4位小数进行分析比较,以确定其差异。

(4)计算各周转指标时年按360天计算,月按30天计算。

(5)关于案例中涉及的上市公司相关信息可以按证券代码网上查询。

在教学过程中,各种分析与计算以本教材为主,适当参考书中不同的分析与计算。

目 录

第一章 财务报告的编制 …………………………………………………………… 1

【实训一】 资产负债表的编制(一) ………………………………………… 1
【实训二】 资产负债表的编制(二) ………………………………………… 5
【实训三】 利润表的编制 …………………………………………………… 9
【实训四】 根据已知的数据填写简略的资产负债表 ……………………… 12
【实训五】 资产负债表、利润表及财务指标比分析的综合实训 ………… 14

第二章 财务报告分析实训 ……………………………………………………… 19

【实训六】 企业偿债能力分析 ……………………………………………… 19
【实训七】 企业营运能力分析 ……………………………………………… 23
【实训八】 企业获利能力分析 ……………………………………………… 27
【实训九】 企业发展能力分析 ……………………………………………… 31
【实训十】 上市公司财务分析 ……………………………………………… 32
【实训十一】 横向与纵向对比财务分析 …………………………………… 37
【实训十二】 采用因素分析法对净资产收益率变化情况进行分析 ……… 43
【实训十三】 趋势分析 ……………………………………………………… 47
【实训十四】 现金流量表分析 ……………………………………………… 71
【实训十五】 财务报表比率分析 …………………………………………… 85
【实训十六】 沃尔比重评价法 ……………………………………………… 90

第三章 案例分析与编写财务分析报告 ………………………………………… 96

【实训十七】 综合案例分析 ………………………………………………… 96
【实训十八】 撰写财务分析评价报告 ……………………………………… 131

附录··· 133

    附录一   财务分析中各种指标的计算方法与分析评价提示············· 133

    附录二   企业会计准则第 30 号——财务报表列报(2006)················· 140

    附录三   企业会计准则第 31 号——现金流量表(2006)···················· 145

    附录四   企业会计准则第 34 号——每股收益(2006)······················· 148

参考文献··· 151

第一章

财务报告的编制

【实训一】 资产负债表的编制(一)

一、资料

天华股份有限公司 2008 年 12 月 31 日有关科目的余额见表 1.1.1。假设天华股份有限公司 2008 年度除计提固定资产减值准备导致固定资产账面价值与其计税基础存在暂时性差异外,其他资产和负债的账面价值均等于计税基础,鉴定天华股份有限公司未来很有可能获得足够的应纳税额用来抵扣可抵扣暂时性差异,适用的所得税税率为 25%。

表 1.1.1　科目余额表

2008 年 12 月 31 日　　　　　　　　　　　　　　　　　　　　　单位:元

账户名称	借方余额	账户名称	贷方余额
现金	24,000	短期借款	1,260,000
银行存款	4,512,000	应付票据	431,100
其他货币资金	2,112,000	应付账款	1,861,200
应收票据	450,000	其他应付款	156,900

续表 1.1.1

账户名称	借方余额	账户名称	贷方余额
应收账款	3,300,000	应付职工薪酬	114,000
坏账准备	-18,000	应交税费	612,000
预付账款	608,400	应付股利	0
其他应收款	42,000	一年内到期的长期负债	0
物资采购	2,707,500	长期借款	15,000,000
原材料	3,600,000	股本	30,000,000
周转材料	1,740,600	盈余公积	3,000,000
库存商品	1,620,000	利润分配(未分配利润)	1,420,500
长期股权投资	1,524,600		
固定资产	34,227,000		
累计折旧	-7,203,000		
在建工程	2,416,200		
无形资产	1,821,600		
长期待摊费用	370,800		
合计	53,855,700	合计	53,855,700

二、要求

根据上述资料编制天华股份有限公司 2008 年 12 月末资产负债表(年初数略)。

三、实训用表

1. 计算过程及分析

表1.1.2　计算过程及分析

项目	计算过程	填入报告中的结果
货币资金		
存货		
应收账款		
资产合计		
负债合计		
股东权益合计		

2. 资产负债表

表 1.1.3 资产负债表

会企 01 表

编制单位：　　　　　　　　　　2008 年 12 月 31 日　　　　　　　　　　单位：元

资产	年初数	期末数	负债和股东权益	年初数	期末数
流动资产：			流动负债：		
货币资金			短期借款		
交易性金融资产			交易性金融负债		
应收票据			应付票据		
应收账款			应付账款		
预付账款			预收账款		
应收利息			应付职工薪酬		
应收股利			应交税费		
其他应收款			应付利息		
存货			应付股利		
一年内到期的非流动资产			其他应付款		
其他流动资产			一年内到期的非流动负债		
流动资产合计			其他流动负债		
非流动资产：			流动负债合计		
可供出售金融资产			非流动负债：		
持有到期投资			长期借款		
长期应收款			应付债券		
长期股权投资			长期应付款		
投资性房地产			专项应付款		
固定资产：			预计负债		
工程物资			递延所得税负债		
在建工程			其他流动负债		
固定资产清理			非流动负债合计		
生产性生物资产			负债合计		
油气资产			股东权益：		

续表 1.1.3

资产	年初数	期末数	负债和股东权益	年初数	期末数
无形资产			实收资本(或股本)		
开发支出			资本公积		
商誉			减:库存股		
长期待摊费用			盈余公积		
递延所得税资产			未分配利润		
其他非流动资产			股东权益合计		
非流动资产合计					
资产总计			负债及股东权益合计		

四、答案提示

资产合计为 53,855,700；负债合计为 19,435,200；股东权益合计为 34,420,500。
货币资金为 6,648,000；存货为 9,668,100；应收账款为 3,282,000。

【实训二】 资产负债表的编制(二)

一、资料

天利股份有限公司,2009 年 12 月 31 日的有关资料如下：

1. 科目余额表

表 1.2.1　科目余额表　　　　　　　　　　　　单位:元

科目名称	借方金额	贷方金额	科目名称	借方金额	贷方金额
库存现金	10,000		累计折旧		300,000
银行存款	57,000		在建工程	40,000	
应收票据	60,000		无形资产	150,000	
应收账款	80,000		短期借款		10,000
预付账款		30,000	应付账款		70,000
坏账准备		5,000	预收账款		10,000
原材料	70,000		应付职工薪酬		4,000

续表 1.2.1

科目名称	借方金额	贷方金额	科目名称	借方金额	贷方金额
周转材料	10,000		应交税费		11,000
发出商品	90,000		长期借款		80,000
材料成本差异		55,000	实收资本		500,000
库存商品	100,000		盈余公积		200,000
固定资产	800,000		未分配利润		200,000

2. 债权债务明细科目余额

表 1.2.2 债权债务明细科目余额 单位:元

科目名称	明细科目	借方余额	贷方余额
应收账款	A 公司	100,000	
	B 公司		20,000
预付账款	C 公司	20,000	
	D 公司		50,000
应付账款	E 公司		100,000
	F 公司	30,000	
预收账款	G 公司		40,000
	H 公司	30,000	

3. 补充资料

长期借款共有两笔,均为一次性还本付息。金额和期限如下:

(1)从工商银行借入 30,000 元(本利和)期限是从 2008 年 6 月 1 日至 2010 年 6 月 1 日。

(2)从建设银行借入 50,000 元(本利和)期限是从 2009 年 8 月 1 日至 2011 年 8 月 1 日。

二、要求

编制 2009 年 12 月 31 日的资产负债表。

三、实训用表

1. 计算过程及分析

表 1.2.3 计算过程及分析

项目	计算过程	填入报告中的结果
货币资金		
应收账款		
预付账款		
存货		
应付账款		
预收账款		
一年内到期的非流动负债		
长期借款		

2. 资产负债表

表1.2.4　资产负债表　　　　　　　　　　　　会企01表

编制单位：　　　　　　　2009年12月31日　　　　　　　　　　单位：元

资产	年初数	期末数	负债和股东权益	年初数	期末数
流动资产：			流动负债：		
货币资金			短期借款		
交易性金融资产			交易性金融负债		
应收票据			应付票据		
应收账款			应付账款		
预付账款			预收账款		
应收利息			应付职工薪酬		
应收股利			应交税费		
其他应收款			应付利息		
存货			应付股利		
一年内到期的非流动资产			其他应付款		
其他流动资产			一年内到期的非流动负债		
流动资产合计			其他流动负债		
非流动资产：			流动负债合计		
可供出售金融资产			非流动负债：		
持有到期投资			长期借款		
长期应收款			应付债券		
长期股权投资			长期应付款		
投资性房地产			专项应付款		
固定资产：			预计负债		
工程物资			递延所得税负债		
在建工程			其他流动负债		
固定资产清理			非流动负债合计		
生产性生物资产			负债合计		
油气资产			股东权益		
无形资产			实收资本（或股本）		
开发支出			资本公积		
商誉			减：库存股		

续表1.2.4

资产	年初数	期末数	负债和股东权益	年初数	期末数
长期待摊费用			盈余公积		
递延所得税资产			未分配利润		
其他非流动资产			股东权益合计		
非流动资产合计					
资产总计			负债及股东权益计		

四、答案提示

货币资金为67,000;应收账款为125,000;预付账款为50,000。

资产合计为1,207,000;负债合计为307,000。

一年内到期的非流动负债为30,000;长期借款为80,0000。

【实训三】 利润表的编制

一、资料

天华股份有限公司有关损益类科目2008年度累计发生净额见表1.3.1。

表1.3.1 天华股份有限公司损益类科目2008年度累计发生净额　　单位:万元

科目名称	借方发生额	贷方发生额
主营业务收入		1,250,000
主营业务成本	750,000	
营业税金及附加	2,000	
销售费用	20,000	
管理费用	157,100	
财务费用	41,500	
资产减值损失	30,900	
投资收益		31,500
营业外收入		50,000
营业外支出	19,700	
所得税费用	85,300	

二、要求

根据上述资料,编制天华股份有限公司2008年度利润表。

三、实训用表

1. 计算过程及分析

表1.3.2　计算过程及分析

项目	计算过程	填入报告中的结果
营业利润		
利润总额		
净利润		

2. 填制利润表

表 1.3.3　利润表

会企 02 表

编制单位：天华股份有限公司　　　　2008 年度　　　　　　　　单位：元

项目	本期金额	上期金额（略）
一、营业收入		
减：营业成本		
营业税金及附加		
销售费用		
管理费用		
财务费用		
资产减值损失		
加：公允价值变动损益（损失以"-"号填列）		
投资收益（损失以"-"号填列）		
其中：对联营企业和合营企业的投资收益		
二、营业利润（亏损以"-"号填列）		
加：营业外收入		
减：营业外支出		
其中：非流动资产处置损失		
三、利润总额（亏损总额以"-"号填列）		
减：所得税费用		
四、净利润（净亏损以"-"号填列）		
五、每股收益：		
（一）基本每股收益		
（二）稀释每股收益		

四、答案提示

营业利润为 280,000；利润总额为 310,300；净利润为 225,000。

【实训四】 根据已知的数据填写简略的资产负债表

一、资料

根据天华股份有限公司2009年度的相关指标如下：
(1) 期末流动比率=1.5；
(2) 期末资产负债率=50%；
(3) 本期存货周转率=6次；
(4) 本期销售成本=258,000元；
(5) 期末应收账款净额=期初应收账款净额。

二、要求

利用相关数据之间的关系将简略的资产负债表填完整。

表1.4.1 资产负债表   会企01表

编制单位：天华股份有限公司   2009年12月31日   单位：万元

项目	期末数	项目	期末数
货币资金	25,000	应付账款	67,000
应收账款		应交税费	
存货		长期负债	
固定资产	294,000	实收资本	200,000
		未分配利润	
资产合计	450,000	负债和所有者权益合计	

三、实训用表

表1.4.2 各项指标的计算

项目	2009年(计算过程)
应收账款	
存货	
应交税费	
长期负债	
未分配利润	

四、答案提示

应收账款为88,000;存货为43,000;应交税费37,000;未分配利润为25,000;长期负债为121,000。

【实训五】 资产负债表、利润表及财务指标比分析的综合实训

一、资料

1. 华丰股份有限公司2010年度的简略资产负债表

表 1.5.1　资产负债表

编制单位:华丰公司　　　　　　　　　2010 年 12 月 31 日　　　　　　　　　会企01表　单位:万元

项目	年初数	期末数	项目	年初数	期末数
货币资金	5,000	7,760	短期借款	280	2,350
应收票据	120	?	应付票据	170	?
应收账款	600	?	应付账款	260	?
预付账款	50	?	预收账款		?
存货	2,200	?	长期借款	1,600	1,700
长期股权投资	1,000	?	股本(普通股)	6,000	6,000
固定资产净值	3,200	7,550	盈余公积	2,000	4,010
			未分配利润	1,860	4,250
资产总计	12,170	?	负债及所有者权益总计	12,170	?

2. 该公司2010年末的应收款项的明细账

表 1.5.2　应收款项的明细账　　　　　　　　　　　　　　　　　单位:万元

科目	借方余额	贷方余额	科目	借方余额	贷方余额
应收账款:A企业	800		应付账款:天山		420
应收账款:B企业		150	应付账款:乙企业	140	
预付账款:C企业	176		预收账款:丙企业		210
预付账款:D企业		26	预收账款:丁企业	52	
应收票据:E企业	350		应付票据:戊企业		166

3. **其他资料**

(1) 长期股权投资是该公司 2008 年持有的天星公司股票,占其股权的 40%,对天星公司有重大影响。年初,天星公司分配利润 300 万元;2010 年底,天星公司当年实现净利润 500 万元。

(2) 当年本公司实现营业收入为 56,500 万元,销售毛利率为 40%。

(3) 公司 2010 年发生的管理费用为 900 万元,营业费用为 1,100 万元。

(4) 公司 2010 年发生的财务费用为 800 万元,均为借款利息支出。

(5) 公司除上述事项外未发生其他损益(不考虑未提及的其他税费),所得税率为 25%,假定经调整后的应纳税所得额正好等于税前会计利润,公司的所得税费用采用应付税款法进行会计处理。

(6) 公司实现的净利润除提取盈余公积、向股东支付现金股利外,其余均转入未分配利润。

(7) 公司的盈余公积年度内除了从净利润中提取外,没有其他变动。

(8) 公司普通股面值为每股 1 元,每股市价 32 元。

二、要求

(1) 根据上述资料计算资产负债表 1.5.1 中标有"?"的项目金额。

(2) 计算利润总额与净利润项目。

(3) 计算下列指标:年末流动比率、年末速动比率和年末现金比率;利息保障倍数和年末产权比率;应收账款周转率和存货周转率;销售净利率和总资产净利率;所有者权益报酬率、每股收益及市盈率。

三、实训用表

1. **资产负债表和利润项目计算**

表 1.5.3 计算过程及分析

项目		计算过程	计算结果
资产负债中各项目计算	应收票据 =		
	应收账款 =		
	预付账款 =		

续表 1.5.3

项目	计算过程	计算结果
资产负债中各项目计算	长期股权投资 =	
	应付票据 =	
	存货 =	
	应付账款 =	
	预收账款 =	
	权益合计 =	
	资产合计 =	
利润项目	利润总额 =	
	净利润 =	

2. 财务指标计算

表 1.5.4 计算过程及分析

项目	计算过程
财务指标计算	年末流动比率 =
	年末速动比率 =
	年末现金比率 =
	利息保障倍数 =
	年末产权比率 =
	应收账款周转率 =
	存货周转率 =

续表1.5.4

项目	计算过程
财务指标计算	销售净利率=
	总资产净利率=
	所有者权益报酬率=
	每股收益=
	市盈率=

四、答案提示

1. 资产负债表相关数据提示

长期股权投资为1,080万元;权益总计为19,282万元;资产总计为19,282万元;存货为1,374万元。

2. 利润表相关数据

利润总额为20,000万元;净利润为15,000万元。

3. 财务指标

年末流动比率为3.21;年末速动比率为2.70;年末现金比率为0.83;利息保障倍数为26;年末产权比率为35.22%;应收账款周转率为77.82次;存货周转率为18.97次;销售净利率为26.55%;所有者权益报酬率(所有者权益净利率)为124.38%;每股收益为2.5元;市盈率为12.8。

第二章

Chapter 2

财务报告分析实训

【实训六】 企业偿债能力分析

一、资料

1. 天雨股份有限公司 2010 年的资产负债表

表 2.6.1 资产负债表

编制单位：天雨股份有限公司　　　　　　2010 年 12 月 31 日　　　　　　　　　单位：万元

资产	年初数	年末数	负债和所有者权益	年初数	年末数
货币资金	55,713	61,285	流动负债	522,641	371,951
交易性金融资产	30,000	32,000	长期负债	9,064	111,699
应收账款	22,811	23,782	负债合计	531,705	483,650
存货	125,434	130,182	所有者权益合计	362,157	416,570
其他流动资产	48,268	50,311			
流动资产合计	282,226	297,560			
长期资产	611,636	602,660			
资产合计	893,862	900,220	负债和所有者权益合计	893,862	900,220

2. 利润表

表 2.6.2　利润表

编制单位：　　　　　　　　2010 年 12 月　　　　　　　　　　　　单位：万元

项目	2009 年	2010 年
营业收入	693,673	750,796
营业成本	405,800	432,608
营业税金及附加	71,546	79,417
销售费用	30,000	35,000
管理费用	31,992	21,439
财务费用（均为利息费用）	21,818	41,380
营业利润	132,517	140,952
营业外收入	8,228	9,000
营业外支出	3,000	7,331
利润总额	137,745	142,621
所得税费用	34,436	35,656
净利润	103,309	106,965

二、要求

根据以上资料计算该企业 2009 年、2010 年的偿债能力及两年的差异，并对该企业两年的偿债能力进行对比分析。

三、实训用表

1. 短期偿债能力指标计算

表 2.6.3　短期偿债能力指标计算

	指标	2009 年①	2010 年②	差异②-①
短期偿债	流动比率			
	速动比率			

2. 长期偿债能力指标计算

表 2.6.4　长期偿债能力指标计算

	指　标	2009 年①	2010 年②	差异②-①
长期偿债	资产负债率			
	产权比率			
	已获利息倍数			

3. 企业偿债能力计算结果分析

表 2.6.5　企业偿债能力计算结果分析

项目	分析变化内容
短期偿债能力的分析	
长期偿债能力的分析	
总体状况分析	

四、答案提示

1. 短期偿债能力

流动比率:2009年54%;2010年80%;两年差异26%。

速动比率:2009年31.47%;2010年20.76%;两年差异10.71%。

2. 长期偿债能力

资产负债率:2009年59.48%;2010年53.73%;两年差异-5.75%。

产权比率:2009年146.82%;2010年116.10%;两年差异-30.72%。

已获利息倍数:2009年7.31;2010年4.45;两年差异2.86。

本题中的速动资产按以下公式计算

速动资产=货币资金+交易性金融资产+应收票据+应收账款

或

速动资产=流动资产合计-存货-预付账款-一年内到期非流动资产-其他流动资产

【实训七】 企业营运能力分析

一、资料

参见【实训六】天雨股份有限公司2010年资产负债表2.6.1和利润表2.6.2。

补充资料:2008年末至2010年末固定资产的净值分别为480,580万元、522,789万元和460,355万元。2008年末余额的存货为120,330万元,应收账款为19,600万元,流动资产合计为242,760万元,所有者权益总额合计为325,220万元,资产合计为763,220万元。

二、要求

根据以上资料计算该企业2009年、2010年的营运能力及两年的差异,并对该企业两年的营运能力进行对比分析。

三、实训用表

1. 长期资产营运能力计算

表 2.7.1　长期资产营运能力计算

项目		2009 年①	2010 年②	差异②-①
固定资产周转情况	平均固定资产净额			
	固定资产周转率/次			
	固定资产周转期/天			
总资产周转情况	平均资产总额			
	总资产周转率/次			
	总资产周转期/天			

2. 流动资产营运能力指标计算

表 2.7.2 流动资产营运能力指标计算

项目			2009 年①	2010 年②	差异②-①
流动资产周转情况	应收账款周转率	平均应收账款余额			
		应收账款周转率/次			
		应收账款周转期/天			
	存货周转率	平均存货余额			
		存货周转率/次			
		存货周转期/天			
	流动资产周转率	平均流动资产余额			
		流动资产周转率/次			
		流动资产周转期/天			

3. 企业营运能力计算结果分析

表 2.7.3 企业营运能力计算结果分析

项目	分析变化内容
流动资产周转情况	
固定资产周转情况	
总资产周转情况	
总体状况分析	

四、答案提示

1. 计算公式

$$固定资产周转率=营业收入÷平均固定资产净值$$

其中： 平均固定资产净值＝(固定资产年初数＋固定资产年末数)÷2

固定资产周转期(周转天数)＝平均固定资产净值×360÷营业收入

2. 相关答案

(1)应收账款。

周转率分别为 32.71 和 32.23，两年差异为 -0.48。

周转天数分别为 11.01 和 11.17，两年差异为 0.16。

(2)存货。

周转率分别为 3.3 和 3.38，两年差异为 0.08。

周转天数分别为 109.09 和 106.51，两年差异为 -2.58。

(3)流动资产。

周转率分别为 2.64 和 2.59，两年差异为 -0.05。

周转天数分别为 137 和 139，两年差异为 2。

(4)固定资产。

周转率分别为 1.38 和 1.53，两年差异为 0.15。

周转天数分别为 260.86 和 235.29，两年差异为 -25.57。

(5)总资产。

周转率分别为 0.837 2 和 0.836 7，两年差异为 -0.005。

周转天数分别为 430 和 430.11，两年差异为 0.11。

【实训八】 企业获利能力分析

一、资料

参见【实训六】的天雨股份有限公司 2010 年的资产负债表 2.6.1、利润表 2.6.2 和【实训七】的补充资料。

二、要求

根据以上资料计算该企业 2009 年、2010 年的获利能力及两年的差异，并对该企业两年的获利能力进行对比分析。

三、实训用表

1. 获利能力指标计算

表 2.8.1　获利能力指标计算

项目	指标	2009 年①	2010 年②	差异②-①
营业利润率	营业利润			
	营业收入			
	营业利润率			
成本利润率	成本费用总额			
	利润总额			
	成本费用利润率			

续表 2.8.1

项目	指标	2009年①	2010年②	差异②-①
总资产报酬率	息税前利润总额			
	平均资产总额			
	总资产报酬率			
净资产收益率	平均净资产			
	净资产收益率			

2. 企业获利能力计算结果分析

表 2.8.2　企业获利能力计算结果分析

项目	分析变化内容
营业利润率	
成本利润率	
总资产报酬率	
净资产收益率	
总体获利情况分析	

表 2.10.1　天源公司 2010 年利润分配表、年末股东权益的有关资料

项目	金额	项目	金额
净利润	2,415 万元	股本	3,450 万元
加:年初未分配利润	460 万元	每股面值	1 元
可供分配利润	2,875 万元	每股市价	12.5 元
减:提取法定盈余公积	575 万元	年末流通在外普通股股数	3,450 万股
可供股东分配利润	2,300 万元	资本公积	2,530 万元
减:提取任意盈余公积	230 万元	盈余公积	1,380 万元
已分配现金股利	1,380 万元	未分配利润	690 万元
未分配利润	690 万元	股东权益总额	8,050 万元

二、要求

计算天源公司 2010 年的每股收益、市盈率、每股股利、股票获利率、股利支付率、股利保障倍数、留存盈余比率、每股净资产、市净率（假定年初与年末股东权益相同），并根据计算结果对该上市公司的整体财务状况进行评价。

三、实训用表

1. 各项指标的计算

表 2.10.2　各项指标的计算

项目	公式及计算过程
每股收益	
市盈率	

续表 2.10.2

项目	公式及计算过程
每股股利	
股票获利率	
股利支付率	
股利保障倍数	
留存盈余比率	
每股净资产	
市净率	

2. 各项指标计算的分析和财务状况整体评价

表 2.10.3　总体评价表

表 2.10.4　各项指标计算的分析和财务状况整体评价

四、答案提示

每股收益为 0.7;市盈率为 17.86;每股股利为 0.4;股票获利率为 3.2%;股利支付率为 57.14%;股利保障倍数为 1.75;留存盈余比率为 42.86%;每股净资产为 2.33;市净率为 5.36。

【实训十一】 横向与纵向对比财务分析

一、资料

天雨公司为钢铁制品公司,具有三十多年的生产历史,产品远销国内外市场。但近 5 年,国外同类产品以较低的价格不断冲击国内市场。同时,市场上越来越多的日用制品都采用了铝、塑料制品等替代性材料,天雨公司的前景并不乐观。

对此,公司想通过一项更新设备计划来增强自身的竞争力,拟投资 800 万元更新设备。投产后产品的产量增加,产品质量将得到进一步改善,产品的成本将较大幅度地降低。该企业 2010 年的有关报表见表 2.11.1~2.11.3。

表 2.11.1 天雨公司 2010 年度利润表　　　　　　　　单位:万元

项目	金额
一、营业收入	2,537,500
减:营业成本	1,852,000
销售费用	325,000
管理费用	284,000
财务费用(均为利息费用)	46,500
二、营业利润	30,000
加:营业外收入	0
减:营业外支出	0
三:利润总额	30,000
减:所得税费用(税率为25%)	7,500
四:净利润	22,500

表2.11.2 天雨公司资产负债表

2010年12月31日　　　　　　　　　　　　　　　　　　　　　　单位:万元

资产	年初数	年末数	负债与所有者权益	年初数	年末数
流动资产			流动负债		
货币资金	12,050	12,050	应付票据	185,000	155,500
应收账款	381,950	402,778	应付账款	200,250	115,000
存货	381,722.5	350,312.5	一年内到期的长期负债	50,451	37,500
流动资产合计	775,722.5	765,590.5	长期负债	350,000	582,625
固定资产	671,853.5	796,909.5	负债合计	785,701	890,625
			所有者权益		
			股本	75,000	75,000
			资本公积	96,875	96,875
			留存收益	490,000	500,000
			所有者权益合计	661,875	671,875
资产合计	1,447,576	1,562,500	负债和所有者权益合计	1,447,576	1,562,500

表2.11.3 天雨公司资产历史财务数据比较

财务比率	年份			行业平均值
	2008年	2009年	2010年	
流动比率	1.7	1.8		1.5
速动比率	1.0	0.9		1.2
存货周转次数	5.2	5.0		10.2
平均收账期	50	55		46
资产负债率	45.8%	54.3		24.5%
已获利息倍数	2.2	1.9		2.5
毛利率	27.5%	28%		24.5%
净利率	1.1%	1.0%		1.2%

四、答案提示

营业利润率两年分别为 19.1% 和 18.77%。
成本费用利润率两年分别为 23.01% 和 21.85%。
总资产报酬率两年分别为 12.47% 和 11.92%。
净资产收益率两年分别为 30.06% 和 27.47%。

【实训九】 企业发展能力分析

一、资料

参见【实训六】的天雨股份有限公司 2010 年资产负债表 2.6.1、利润表 2.6.2 和【实训七】的补充资料。

二、要求

根据以上资料计算该企业 2010 年的指标,并与 2009 年的发展能力进行对比分析。

三、实训用表

1. 企业发展能力指标计算

表 2.9.1 企业发展能力指标计算

项目	2010 年
营业收入增长率	
资产保值增值率	
总资产增长率	
营业利润增长率	

2. 企业发展能力指标分析

表 2.9.2 企业发展能力指标分析

项目	2010 年
营业收入增长率	
资产保值增值率	
总资产增长率	
营业利润增长率	
企业总体发展能力分析	

四、答案提示

营业收入增长率为 8.23%；资产保值增值率为 115.02%。

总资产增长率为 0.71%；营业利润增长率为 6.37%。

【实训十】 上市公司财务分析

一、资料

天源股份有限公司是一家上市公司，2010 年利润分配表、年末股东权益的有关资料见表 2.10.1。

二、要求

（1）计算 2010 年公司各财务比率（计算结果保留 2 位小数），并将计算结果填入表 2.11.3 中。

（2）通过横向与纵向对比分析公司的总体财务状况，分别对公司的偿债能力和营运能力进行分析。

（3）你认为应采用何种融资方式更新设备？

三、实训用表

1. 天雨公司 2010 年偿债能力指标计算

表 2.11.4　天雨公司 2010 年偿债能力指标计算

指标		计算过程
短期偿债能力	流动比率	
	速动比率	
长期偿债能力	资产负债率	
	产权比率	
	已获利息倍数	

2. 天雨公司 2010 年营运能力指标计算

表 2.11.5　天雨公司 2010 年营运能力指标计算

指标		计算过程
营运能力	应收账款周转次数	
	平均收账期	
	存货周转次数	
	存货周转天数	
	营业周期	

3. 天雨公司 2010 年度财务状况分析表

表 2.11.6　天雨公司 2010 年度财务状况分析表

（横向对比）

表 2.11.7　天雨公司 2010 年度财务状况分析表
（纵向对比）

四、答案提示

流动比率为 2.49；速动比率为 1.35；资产负债率为 57%；产权比率为 132.56%。

已获利息倍数为 1.65；应收账款周转率为 6.47；平均收账期为 55.67；存货周转次数为 5.06；营业周期 128 天。

【实训十二】 采用因素分析法对净资产收益率变化情况进行分析

一、资料

1. 天马股份有限公司 2010 年资产负债表

表 2.12.1 资产负债表

2010 年 12 月 31 日 单位：万元

资产	年初数	年末数	负债及所有者权益	年初数	年末数
货币资产	51	65	负债合计	74	134
应收账款	23	28	所有者权益合计	168	173
存货	16	19			
其他流动资产	21	14			
长期资产	131	181			
资产合计	242	307	负债及所有者权益合计	242	307

2. 其他资料

2010 年实现营业收入净额为 400 万元；营业成本为 260 万元；管理费用为 54 万元；销售费用为 6 万元；财务费用为 18 万元；其他业务利润为 8 万元；所得税率为 25%。

3. 有关 2009 年的资料

营业利润率为 11%；总资产周转率为 1.5；权益乘数为 1.4。

二、要求

根据以上资料运用杜邦分析体系计算 2010 年该公司的净资产收益率，并用连环替代法计算各因素变动对净资产收益率的影响程度。

三、实训用表

1. 计算分析过程

表 2.12.2　计算分析过程

项目	2010 年
净利润	
营业净利润率	
总资产周转率	
权益乘数	
净资产收益率	

2. 因素分析影响程度

表 2.12.3　因素分析影响程度

项目	2009 年	2010 年
净资产收益率/%		
第一次替换：		
影响程度		
第二次替换：		
影响程度		
第三次替换：		
影响程度		
最终结果验证		

3. 计算结果分析和综合评价

表 2.12.4　计算结果分析和综合评价

四、答案提示

净利润为 52.5 万元;营业净利润率为 13.13%;总资产周转率为 1.46;权益乘数为 1.77;净资产收益率为 30.79%。

【实训十三】 趋势分析

一、资料

1. 中国联通公司基本资料简介

表 2.13.1 公司基本资料简介

证券代码	600050	注册地址	上海市长宁区长宁路 1033 号联通大厦 29 楼
中文简称	中国联通	注册地址邮编	200050
公司全称	中国联合网络通信股份有限公司	办公地址	上海市长宁区长宁路 1033 号联通大厦 29 楼
英文名称	China United Network Communications Limited	办公地址邮编	200050
所属行业	信息技术业	公司电话	021-52732228
首次上市日	2002-10-09	公司传真	021-52732220
上市市场	上海证券交易所	公司电子邮箱	ir@chinaunicom-a.com
发行价		董事长	常小兵
公司员工数/人	216 772	董事会秘书	张保英
境内会计师事务所	普华永道中天会计师事务所有限公司	董秘电话	021-52732228
境外会计师事务所	罗兵咸永道会计师事务所	董秘传真	021-52732220
法人代表	常小兵	董秘邮箱	zhangby@chinaunicom-a.com
总经理	陆益民	注册资本/万元	2,119,660
同行业公司数/家	166	经营范围	(境)内外电信行业的投资

2. 公司改革

中国联合通信股份有限公司(以下简称"本公司")是根据国务院批准的重组方案,由中国联合通信有限公司(以下简称"联通集团")以其于中国联通(BVI)有限公司(以下简称"联通 BVI 公司")的 51% 股权投资所对应的经评估的净资产出资,并联合其他四家发起单位以现金出资于 2001 年 12 月 31 日在中华人民共和国（以下简称"中国"）成立的股份有限公司，经批准的经营范围为从事国（境）内外电信行业的投资。本公司目前只直接持有对联通 BVI 公司股权投资。本公司于 2001 年 12 月 31 日获得国家工商行政管理总局颁发的《企业法人营业执照》（注册号为 1000001003626）。2002 年 9 月 13 日，本公司向社会公开发行人民币普通股股票 50 亿股。上述股票公开发行后，本公司的股本增至 19,696,596,395 元。2002 年 10 月 11 日，本公司以募集资金扣除发行费用后的全额向联通集团增购其持有的联通 BVI 公司的 22.84% 的股权。收购交易完成后，本公司对联通 BVI 公司持股比例由原来的 51% 增至 73.84%。2004 年 7 月 26 日，本公司完成了 15 亿股人民币普通股的配售工作，股本增加至人民币 21,196,596,395 元。同日，根据董事会及股东大会决定的募集资金用途，本公司将配售募集资金扣除发行费用后的全额支付予联通集团收购其持有的联通 BVI 公司的 8.26% 的股权。收购交易完成后，本公司对联通 BVI 公司的持股比例上升至 82.10%。2006 年 5 月 11 日，本公司召开的股东大会审议并通过了《中国联合通信股份有限公司股权分置改革方案》。按照此方案，本公司流通股股东每持有 10 股流通股可获得非流通股股东支付的 2.8 股股份，而非流通股股东持有的非流通股股票将自公司股权分置改革方案实施后首个交易日（2006 年 5 月 19 日）起，获得在 A 股市场上市流通的权利。

本公司于 2006 年 5 月 18 日完成了该等股权分置改革的安排，五家发起人股东共向公众股股东支付了 18.2 亿股股份。本公司的公众股股东从非流通股股东获得了 18.2 亿股的流通股。经中国证监会的批准，联通集团于 2006 年 8 月 16 日起计划增持本公司 1% ~ 4% 的股份。按照目前法律、法规中关于限售的规定，联通集团在本次增持过程中（9 个月）及增持完成之日起在未来的 6 个月内不出售其持有的本公司的股份。截至 2007 年 6 月 30 日，联通集团已经回购本公司的股份约 2.12 亿股，约 1% 的股份。上海市工商行政管理局于 2009 年 8 月 7 日向公司核发了注册号为 310000000082463 的"中国联合网络通信股份有限公司"营业执照。至此，公司注册的中文名称由"中国联合通信股份有限公司"变更为"中国联合网络通信股份有限公司"。2011 年 2 月 25 日，中国联通收盘价为 5.82 元。

3. 中国联通连续三年的资产负债表

表 2.13.2　中国联通连续三年的资产负债表　　　　　　　　　单位：万元

报表日期	2007-12-31	2008-12-31	2009-12-31
资产项目			
流动资产：			
货币资金	733,151	948,751	882,810
交易性金融资产	0	0	0
应收票据	7,187	4,468	2,452

续表 2.13.2

报表日期	2007-12-31	2008-12-31	2009-12-31
应收账款	327,321	931,293	987,065
预付账款	99,274	148,776	185.333
应收利息	969	569	687
应收股利	0	0	0
其他应收款	212,042	1,465,092	666,742
存货	252,863	117,071	241,241
一年内到期的非流动资产	0	0	0
其他流动资产	50,834	0	105,944
流动资产合计	1,683,615	3,616,020	3,072,275
非流动资产：			
发放贷款及垫款	11,998,507	33,539,205	36,900,834
可供出售金融资产	0	0	797,691
持有到期投资	0	0	0
长期应收款	0	0	0
长期股权投资	0	0	1,500
投资性房地产	0	0	0
固定资产原值	21,942,822	58,886,699	66,618,857
固定资产折旧	11,998,507	33,539,205	36,900,834
固定资产净值	9,944,315	25,347,493	29,718,023
固定资产减值准备	0	1,229,314	1,214,481
固定资产	9,944,315	24,118,180	28,503,542
在建工程	1,339,328	3,573,826	5,784,390
工程物资	155,865	501,295	629,178
固定资产清理	0	0	0
生产性生物资产	0	0	0
油气资产	0	0	0
无形资产	707,753	1,855,036	1,964,528

续表 2.13.2

报表日期	2007-12-31	2008-12-31	2009-12-31
开发支出	0	0	0
商誉	0	0	0
长期待摊费用	538,004	608,653	762,050
递延所得税资产	82,042	430,724	408,076
其他非流动资产	0	14	0
非流动资产合计	12,767,308	31,087,727	38,850,955
资产合计	14,450,923	34,703,747	41,923,230
负债和股权收益			
流动负债：			
短期借款	0	1,078,000	6,390,850
交易性金融负债	0	1,000,000	0
应付票据	83,415	103,989	138,086
应付账款	2,748,878	6,175,047	10,056,749
预收账款	1,158,219	1,556,011	2,113,583
应付职工薪酬	73,106	386,816	359,822
应交税费	123,952	1,130,406	91,199
应付利息	2,696	26,691	21,639
应付股利	178	26,761	2,413
其他应付款	532,123	898,464	778,088
应付短期债券	0	0	0
一年内到期的非流动负债	219,283	121,651	8,810
其他流动负债	0	0	0
流动负债合计	4,941,850	12,503,837	19,961,240
非流动负债			
长期借款	166,092	99,731	75,946
应付债券	0	700,000	700,000
长期应付款	388	160,676	19,091

续表2.13.2

报表日期	2007-12-31	2008-12-31	2009-12-31
专项应付款	0	0	0
预计负债	0	839	0
长期递延收益	0	336,552	255,778
递延所得税负债	586	2,269	26,628
其他非流动负债	48,261	185	0
非流动负债合计	215,327	1,300,252	1,077,443
负债合计	5,157,177	13,804,089	21,038,682
股权收益			
实收资本(或股本)	2,119,660	2,119,660	2,119,660
资本公积	2,014,311	2,428,212	2,806,007
减:库存股	0	0	0
盈余公积	45,477	40,011	55,850
未分配利润	1,262,962	2,445,821	2,118,826
外币报表折算差额	0	-1,946	-1,954
归属于母公司股东权益合计	5,442,409	7,031,758	7,098,389
少数股东权益	3,851,336	13,867,901	13,786,159
股东权益(或所有者权益)	9,293,745	20,899,659	20,884,547
负债和股东权益合计	14,450,923	34,703,747	41,923,230

4. 中国联通连续三年利润表

表2.13.3　中国联通连续三年利润表　　　　　　　　　单位:万元

项目＼报表日期	2007-12-31	2008-12-31	2009-12-31
一、营业总收入	10,046,761	15,276,426	15,836,882
营业收入	10,046,761	15,276,426	15,836,882
减:营业总成本	8,955,047	14,735,148	14,846,458
其中:营业成本	6,147,830	9,619,060	10,565,376
营业税金及附加	236,854	416,376	448,704

续表 2.13.3

项目 \ 报表日期	2007-12-31	2008-12-31	2009-12-31
销售费用	1,824,105	1,707,877	2,095,674
管理费用	578,662	1,255,826	1,404,788
财务费用	-21,432	261,929	94,352
资产减值损失	189,028	1,519,080	237,564
加:公允价值变动损益（损失以"-"填列）	-56,886	0	123,913
投资收益(损失以"-"填列)	0	0	21,216
二、营业利润(亏损以"-"填列)	1,034,828	541,278	1,135,553
加:营业外收入	297,240	231,684	110,064
减:营业外支出	16,522	24,738	27,519
三:利润总额(亏损以"-"填列)	1,315,547	748,225	1,218,098
减:所得税费用	383,606	170,184	280,708
四、净利润(净亏损以"-"填列)	931,940	3,372,779	937,389
属于母公司所有者的净利润	563,288	1,974,141	313,702
被合并方在合并前实现的利润	368,653	0	0
少数股东权益	0	1,398,638	623,687
五、每股收益			
（一）基本每股收益	0.27	0.93	0.15
（二）稀释每股收益	0.27	0.93	0.15

二、要求

(1)对公司近三年的经营状况进行趋势分析。
(2)对公司近三年的重要指标进行比率分析(按母公司所有者的净利润计算各项指标)。
(3)对公司未来的经济状况进行评价预测。

三、实训用表

1. 资产负债表分析

表 2.13.4　资产负债表分析

项目	2008 年比 2007 年增减百分比	2009 年比 2008 年增减百分比
资产项目		
流动资产：		
货币资金		
交易性金融资产		
应收票据		
应收账款		
预付账款		
应收利息		
应收股利		
其他应收款		
存货		
一年内到期的非流动资产		
其他流动资产		
流动资产合计		
非流动资产：		
发放贷款及垫款		
可供出售金融资产		
持有到期投资		
长期应收款		
长期股权投资		
投资性房地产		
固定资产原值		
固定资产折旧		
固定资产净值		

续表 2.13.4

项目	2008 年比 2007 年增减百分比	2009 年比 2008 年增减百分比
固定资产减值准备		
固定资产		
在建工程		
工程物资		
固定资产清理		
生产性生物资产		
油气资产		
无形资产		
开发支出		
商誉		
长期待摊费用		
递延所得税资产		
其他非流动资产		
非流动资产合计		
资产总计		
负债和所有者权益项目		
流动负债：		
短期借款		
交易性金融负债		
应付票据		
应付账款		
预收账款		
应付职工薪酬		
应交税费		
应付利息		
应付股利		
其他应付款		

续表 2.13.4

项目	2008年比2007年增减百分比	2009年比2008年增减百分比
一年内到期的非流动负债		
其他流动负债		
流动负债合计		
非流动负债：		
长期借款		
应付债券		
长期应付款		
专项应付款		
预计负债		
长期递延收益		
递延所得税负债		
其他流动负债		
非流动负债合计		
负债合计		
股东权益：		
实收资本（或股本）		
资本公积		
减：库存股		
盈余公积		
未分配利润		
外表报表折算差异		
归属于母公司股东权益合计		
少数股东权益		
所有者权益（或股东权益）合计		
负债和所有者权益（或股东权益）总计		

2. 资产负债表的计算说明

表 2.13.5　资产负债表的计算说明

3. 利润表分析

表 2.13.6 利润表分析

项目	2008年比2007年增减百分比	2009年比2008年增减百分比
一、营业收入		
减：营业成本		
营业税金及附加		
销售费用		
管理费用		
财务费用		
资产减值损失		
加：公允价值变动损益（损失以"-"号填列）		
投资收益（损失以"-"号填列）		
二、营业利润（亏损以"-"号填列）		
加：营业外收入		
减：营业外支出		
其中：非流动资产处置损失		
三、利润总额（亏损总额以"-"号填列）		
减：所得税费用		
四、净利润（净亏损以"-"号填列）		
五、每股收益		
（一）基本每股收益		
（二）稀释每股收益		

4. 利润表分析计算说明

表 2.13.7 利润表分析计算说明

5. 近三年重要指标的比率分析
(1)偿债能力指标分析。

表 2.13.8　偿债能力指标分析

序号	指标	2007 年	2008 年	2009 年	对比分析	
					2008 年比 2007 年	2009 年比 2008 年
1	流动比率					
2	速动比率					
3	资产负债率					
4	产权比率					

(2)偿债能力指标的计算过程。

表 2.13.9 偿债能力指标计算过程

(3)营运能力指标分析。

表 2.13.10 营运能力指标分析

序号	指标	2007 年	2008 年	2009 年	对比分析	
					2008 年比 2007 年	2009 年比 2008 年
1	应收账款周转率/天					
2	存货周转率/天					
3	流动资产周转率/天					
4	总资产周转率/天					

（4）营运能力指标的计算过程。

表 2.13.11　营运能力指标的计算过程

(5)获利能力指标分析。

表 2.13.12 获利能力指标分析

序号	指标	2007 年	2008 年	2009 年	对比分析	
					2008 年比 2007 年	2009 年比 2008 年
1	营业利润率					
2	营业毛利率					
3	成本费用利润率					
4	总资产报酬率					
5	净资产收益率					

(6)获利能力指标的计算过程。

表 2.13.13 获利能力指标的计算过程

(7)发展能力指标分析。

表 2.13.14 发展能力指标分析

序号	指标	2007 年	2008 年	2009 年	对比分析	
					2008 年比 2007 年	2009 年比 2008 年
1	营业收入增长率					
2	资产保值增值率					
3	总资产增长率					
4	营业利润增长率					

(8)发展能力指标的计算过程。

表 2.13.15 发展能力指标的计算过程

(9) 2007年企业综合指标分析。

表2.13.16 2007年企业综合指标分析

指标	计算过程
净资产收益率	总资产收益率 =
	权益乘数 =
	销售净利率 =
	总资产周转率 =
	总计 =

(10) 2008年企业综合指标分析。

表2.13.17　2008年企业综合指标分析

指标	计算过程
净资产收益率	总资产收益率＝
	权益乘数＝
	销售净利率＝
	总资产周转率＝
	总计＝

(11) 2009年企业综合指标分析。

表2.13.18 2009年企业综合指标分析

指标	计算过程
净资产 收益率	总资产收益率= 权益乘数= 销售净利率= 总资产周转率= 总计=

6. 对公司近三年的经济状况进行总体评价及未来发展趋势预测

表 2.13.19　财务分析与预测报告

四、答案提示

2007 年的净资产收益率为 10.03%，总资产收益率为 6.45%，权益乘数为 1.55，销售净利率为 9.28%，总资产周转率为 0.70。

2008 年的净资产收益率为 22.34%，总资产收益率为 13.72%，权益乘数为 1.66，销售净利率为 22.08%，总资产周转率为 0.62。

2009 年的净资产收益率为 4.88%，总资产收益率为 2.45%，权益乘数为 2.01，销售净利率为 5.92%，总资产周转率为 0.41。

【实训十四】 现金流量表分析

一、天坛公司 2008 年度和 2009 年度的现金流量表

表 2.14.1 现金流量表
2008 年度和 2009 年度

会企 03 表

编制单位： 单位:元

项目	2009 年	2008 年
一、经营活动产生的现金流量		
销售商品、提供劳务收到的现金	3,800,000	3,610,000
收到的税费返还	400,000	300,000
收到的其他与经营活动有关的现金	335,000	110,000
经营活动现金流入小计	4,535,000	4,020,000
购买商品、接受劳务支付的现金	3,300,000	2,800,000
支付给职工以及为职工支付的现金	700,000	630,000
支付的各种税费	460,000	480,000
支付的其他与经营活动有关的现金	84,000	800,000
经营活动现金流出小计	4,544,000	3,990,000
经营活动产生的现金流量净额	-9,000	30,000
二、投资活动产生的现金流量		
收回投资收到的现金	2,400,000	1,500,000
取得投资收益收到的现金	900,000	600,000

续表 2.14.1

项目	2009 年	2008 年
处置固定资产、无形资产和其他长期资产收到的现金净额	1,500,000	1,800,000
处置子公司及其他营业单位收到的现金净额	0	0
收到的其他与投资活动有关的现金	60,000	90,000
投资活动现金流入小计	4,860,000	3,990,000
购建固定资产、无形资产和其他长期资产支付的现金	4,500,000	9,000,000
投资支付的现金	2,400,000	3,600,000
取得公司及其他营业单位支付的现金	0	0
支付的其他与投资活动有关的现金	0	0
投资活动现金流出小计	6,900,000	12,600,000
投资活动产生的现金流量净额	-2,040,000	-861,000
三、筹资活动产生的现金流量		
吸收投资收到的现金	0	3,600,000
取得借款收到的现金	5,000,000	3,000,000
收到的其他与筹资活动有关的现金	0	0
筹资活动现金流入小计	5,000,000	6,600,000
偿还债务支付的现金	2,000,000	0
分配股利、利润或偿付利息支付的现金	370,000	180,000
支付的其他与筹资活动有关的现金	0	0
筹资活动现金流出小计	2,370,000	180,000
筹资活动产生的现金流量净额	2,630,000	6,420,000
四、汇率变动对现金的等价物的影响	0	0
五、现金及现金等价物净增加额	581,000	5,589,000
加:期初现金及现金等价物余额		
六、期末现金及现金等价物余额		

二、要求

(1) 根据上述资料对该公司现金的增减变动进行分析并作出评价。
(2) 根据上述资料对该公司2009年现金流量表的结构进行分析。

三、实训用表

1. 经营活动现金流入、流出分析表

表 2.14.2　经营活动现金流入、流出分析表

项目	2009年 金额/元	2008年 金额/元	差异 金额/元	差异 构成比例/%
销售商品、接受劳务收到的现金				
收到的税费返还				
收到的其他与经营活动有关的现金				
经营活动现金流入总计				100
购买商品、接受劳务支付的现金				
支付给职工以及为职工支付的现金				
支付的各种税费				
支付其他与经营活动有关的现金				
经营活动现金流出总计				100

表 2.14.3　经营活动现金流入、流出构成比例计算过程

2. 投资活动现金流入、流出分析表

表 2.14.4　投资活动现金流入、流出分析表

项目	2009 年 金额/元	2008 年 金额/元	差异 金额/元	构成比例/%
收回投资收到的现金				
取得投资收益收到的现金				
处置固定资产、无形资产和其他长期资产收到的现金净额				
处置子公司及其他营业单位收到的现金净额				
收到其他与投资活动有关的现金				
投资活动现金流入总计				100
购建固定资产、无形资产和其他长期资产支付的现金				
投资支付的现金				
取得公司及其他营业单位支付的现金				
支付的其他与投资活动有关的现金				
投资活动现金流出总计				100

表 2.14.5 投资活动现金流入、流出构成比例的计算过程

3. 筹资活动现金流入、流出分析表

表 2.14.6　筹资活动现金流入、流出分析表

项目	2009 年	2008 年	差异	
	金额/元	金额/元	金额/元	构成比例/%
吸收投资收到的现金				
取得借款收到的现金				
收到其他与筹资活动有关的现金				
筹资活动现金流入总计				100
偿还债务支付的现金				
分配股利、利润或偿付利息支付的现金				
支付的其他与筹资活动有关的现金				
筹资活动现金流出总计				100

表 2.14.7　筹资活动现金流入、流出的计算过程

4. 2009年与2008年现金流量表对比分析结论

表2.14.8　2009年与2008年现金流量表对比分析结论

5. 2009 年度现金收入结构分析表

表 2.14.9　2009 年度现金收入结构分析表

项目	金额/元	结构百分比
经营活动的现金流入		
其中:销售商品、接受劳务收到的现金		
收到的税费返还		
收到其他与经营活动有关的现金		
投资活动的现金流入		
其中:收回投资收到的现金		
取得投资收益收到的现金		
处置固定资产、无形资产和其他长期资产收到的现金净额		
处置子公司及其他营业单位收到的现金净额		
收到的其他与投资活动有关的现金		
筹资活动的现金流入		
其中:吸收投资收到的现金		
取得借款收到的现金		
收到其他与筹资活动有关的现金		
现金流入总计		100

6. 2009 年度现金流出结构分析表

表 2.14.10　2009 年度现金流出结构分析表

项目	金额/元	结构百分比
经营活动的现金流出		
其中：购买商品、接受劳务支付的现金		
支付给职工以及为职工支付的现金		
支付的各种税费		
支付其他与经营活动有关的现金		
投资活动的现金流出		
其中：购建固定资产、无形资产和其他长期资产支付的现金		
投资支付的现金		
筹资活动的现金流出		
其中：偿还债务支付的现金		
分配股利、利润或偿付利息支付的现金		
支付的其他与筹资活动有关的现金		
现金流出总计		100

7. 2009年度现金净流量结构分析表

表2.14.11　2009年度现金净流量结构分析表

项目	金额/元	结构百分比
经营活动现金净流量		
投资活动现金净流量		
筹资活动现金净流量		
现金净流量合计		100

8. 2009年现金流量内部结构分析

表2.14.12　2009年现金流量内部结构分析

项目	结构百分比
一、经营活动产生的现金流量	
销售商品、提供劳务收到的现金	
收到税费返还	
收到的其他与经营活动有关的现金	
经营活动现金流入小计	100
购买商品、接受劳务支付的现金	
支付给职工以及为职工支付的现金	
支付的各种税费	
支付其他与经营活动有关的现金	
经营活动现金流出小计	100

续表 2.14.12

项目	结构百分比
二、投资活动产生的现金流量	
收回投资收到的现金	
取得投资收益收到的现金	
处置固定资产、无形资产和其他长期资产收到的现金净额	
投资活动现金流入小计	100
购建固定资产、无形资产和其他长期资产支付的现金	
投资支付的现金	
取得公司及其他营业单位支付的现金	
支付其他与投资活动有关的现金	
投资活动现金流出小计	100
三、筹资活动产生的现金流量	
吸收投资收到的现金	
取得借款收到的现金	
收到的其他与筹资活动有关的现金	
筹资活动现金流入小计	100
偿还债务支付的现金	
分配股利、利润或偿付利息支付的现金	
支付其他与筹资活动有关的现金	
筹资活动现金流出小计	100

9. 2009 年现金流量表总体状况分析

表 2.14.13　2009 年现金流量表总体状况分析

四、答案提示

(1) 经营活动现金流入差异构成分别为 36.89%、19.42% 和 43.69%。
经营活动现金流出差异构成分别为 90.25%、12.64%、-3.61% 和 0.72%。
(2) 投资活动现金流入差异构成分别为 103.45%、-34.48%、-3.45% 和 34.48%。
投资活动现金流出差异构成分别为 78.95% 和 21.05%。
(3) 筹资活动现金流入差异构成分别为 225% 和 -125%。
筹资活动现金流出差异构成分别为 8.68% 和 91.32%。
(4) 现金收入结构分别为经营 31.51%、33.76% 和 34.73%。
(5) 现金支出结构分别为经营 32.89%、49.95% 和 17.37%。

【实训十五】 财务报表比率分析

一、资料

天石股份有限公司 2010 年的资产负债表和利润见表 2.15.1 和表 2.15.2。

表 2.15.1　资产负债表

编制单位：　　　　　　　　　2010 年 12 月 31 日　　　　　　　　　　　会企 01 表
　　　　　　　　　　　　　　　　　　　　　　　　　　　　　　　　　　　单位：万元

资产	年初数	期末数	负债和股东权益	年初数	期末数
流动资产：			流动负债		
货币资金	2,850	5,020	短期借款	650	485
交易性金融资产	425	175	交易性金融负债	0	0
应收票据	0	0	应付票据	0	0
应收账款	3,500	3,885	应付账款	1,945	1,295
预付账款	725	890	预收账款	0	0
应收利息	0	0	应付职工薪酬	585	975
应收股利	0	0	应交税费	1,620	2,590
存货	2,610	2,820	应付股利	0	0
其他流动资产	0	0	一年内到期的非流动负债	385	485
流动资产合计	10,110	12,790	其他流动负债	0	0
非流动资产：			流动负债合计：	5,185	5,830

续表 2.15.1

资产	年初数	期末数	负债和股东权益	年初数	期末数
可供出售金融资产	0		非流动负债:	0	0
持有到期投资	0	0	长期借款	650	975
长期应收款	0	0	应付债券	400	640
长期股权投资	975	1,650	长期应付款	0	0
投资性房地产	0	0	专项应付款	0	0
固定资产:	5,650	6,280	预计负债	0	0
固定资产清理	0	0	非流动负债合计	1,050	1,650
生产性生物资产	0	0	负债合计	6,235	7,445
油气资产	0	0	股东权益:		
无形资产	90	75	股本	4,860	5,850
开发支出	0	0	资本公积	1,560	2,370
长期待摊费用	0	0	盈余公积	2,595	3,240
递延所得税资产	0	0	未分配利润	1,650	1,945
其他非流动资产	75	55	股东权益合计	10,665	13,405
非流动资产合计	6,790	8,060			
资产总计	16,900	20,850	负债及股东权益合计	16,900	20,850

2. 利润表

表 2.15.2 利润表　　　　　　　　　　　会企 02 表

编制单位：天石股份有限公司　　　2010 年度　　　　　　　　单位：万元

项目	本期金额	上期金额（略）
一、营业收入	37 500	49,000
减：营业成本	22,500	27,500
营业税金及附加	1,875	2,450
销售费用	1,575	1,750
管理费用	2,450	2,750
财务费用	165	195
资产减值损失	0	0

续表 2.15.2

项目	本期金额	上期金额(略)
加:公允价值变动损益(损失以"-"号填列)	80	100
投资收益(损失以"-"号填列)	245	350
二、营业利润(亏损以"-"号填列)	9,260	14,805
加:营业外收入	195	165
减:营业外支出	165	95
三、利润总额(亏损总额以"-"号填列)	9,290	14,875
减:所得税费用	3,065	4,910
四、净利润(净亏损以"-"号填列)	6,225	9,965

二、要求

根据财务报表的资料,计算该企业 2010 年各项财务指标。

三、实训用表

表 2.15.3　2010 年各项指标的计算

序号	指标	计算过程及结果
1	流动比率	
2	速动比率	

续表 2.15.3

序号	指标	计算过程及结果
3	应收账款周转率(包括次数和天数)	
4	存货周转率(包括次数和天数)	
5	流动资产周转率(包括次数和天数)	
6	总资产周转率(包括次数和天数)	
7	产权比率	

续表 2.15.3

序号	指标	计算过程及结果
8	总资产报酬率	
9	总资产净利率	
10	净资产收益率	
11	总资产增长率	
12	成本费用利润率	

四、答案提示

流动比率为 2.19；速动比率为 1.56；应收账款周转率为 10.16 次和 35.43 天；存货周转率为 8.21 次和 43.43 天；流动资产周转率为 2.48 次和 84.11 天；总资产周转率为 1.99 次和 180.90 天；产权比率为 55.54%；总资产报酬率为 50.09%；总资产净利率为 32.98%；净资产收益率为 51.72%；总资产增长率为 23.37%；成本费用利润率为 32.52%。

【实训十六】 沃尔比重评价法

一、资料

天路股份有限公司是一家大型设备生产企业，在 2009 年末拟开发新产品投入市场，现急需与一家上游企业合作共同开发。在众多的上游企业中经过反复研究，选择了两家近期三年财务状况比较稳定的新兴企业宏达公司和云霞公司，两家企业的基本情况比较接近，难以取舍。两家企业在 2009 年末的主要财务指标见表 2.16.1。

表 2.16.1 宏达公司与云霞公司 2009 年末的主要财务指标

财务指标	宏达公司	云霞公司
资产负债率	28.26%	21.36%
已获利息倍数	15	13
净资产收益率	16.21%	17.73%
总资产报酬率	20.93%	19.26%
总资产周转率	0.93	1.03
流动资产周转率	2.64	2.56
营业增长率	11.11%	16.07%
资本积累率	13.01%	14.88%

二、要求

采用沃尔比重分析法对两家公司的财务状况按着行业标准值进行对比分析，根据计算结果帮助天路公司确定一家理想的合作公司，并说明取舍的理由。

三、实训用表

1. 宏达公司沃尔比重评价表

表 2.16.2　宏达公司沃尔比重评价表

选择的指标	比重①	标准比率②	实际比率③	相对比率 ④=③÷②	评分⑤=①×④
一、偿债能力指标	20				
资产负债率	12	60%			
已获利息倍数	8	3			
二、获利能力指标	38				
净资产收益率	25	25%			
总资产报酬率	13	16%			
三、营运能力指标	18				
总资产周转率	9	2			
流动资产周转率	9	5			
四、发展能力指标	24				
营业增长率	12	10%			
资本积累率	12	15%			
综合得分	100				

2. 宏达公司沃尔比重评价表的计算过程

表 2.16.3 宏达公司沃尔比重评价表的计算过程

3. 云霞公司沃尔比重评价表

表 2.16.4 云霞公司沃尔比重评价表

选择的指标	比重①	标准比率②	实际比率③	相对比率 ④=③÷②	评分⑤=①×④
一、偿债能力指标	20				
资产负债率	12	60%			
已获利息倍数	8	3			
二、获利能力指标	38				
净资产收益率	25	25%			
总资产报酬率	13	16%			
三、营运能力指标	18				
总资产周转率	9	2			
流动资产周转率	9	5			
四、发展能力指标	24				
营业增长率	12	10%			
资本积累率	12	15%			
综合得分	100				

4. 云霞公司沃尔比重评价表的计算过程

表 2.16.5　云霞公司沃尔比重评价表的计算过程

5. 两家公司综合结果评议

表 2.16.6　两家公司综合结果评议

四、答案提示

选取云霞公司，因它的综合得分 112.67 大于宏达公司的 111.54，说明云霞公司的财务状况比宏达公司好。

第三章
Chapter 3

案例分析与编写财务分析报告

【实训十七】 综合案例分析

一、资料

1. 简介

天山股份有限公司为一般纳税人,适用的增值税率为17%,所得税税率为25%,原材料采用计划成本核算。该企业2007年12月31日的资产负债表见表3.17.1。其中,"应收账款"科目的期末余额为4,000,000元;"坏账准备"科目的期末余额为9,000元,其他诸如存货、长期股权投资、固定资产、无形资产等均没有计提资产减值准备。

表 3.17.1 资产负债表　　　　　　　　　　　　　　会企01表
编制单位:天山股份有限公司　　2007年12月31日　　　　　　单位:元

资产	年末余额	负债和股东权益	年末余额
流动资产:		流动负债:	
货币资金	14,630,000	短期借款	3,000,000
交易性金融资产	150,000	交易性金融负债	0
应收票据	2,460,000	应付票据	2,000,000
应收账款	3,991,000	应付账款	9,548,000
预付账款	1,000,000	预收账款	0

续表 3.17.1

资产	年末余额	负债和股东权益	年末余额
应收利息	0	应付职工薪酬	1,100,000
应收股利	0	应交税费	366,000
其他应收款	3,050,000	应付利息	0
存货	25,800,000	应付股利	0
一年内到期的非流动资产	0	其他应付款	500,000
其他流动资产	0	一年内到期的非流动负债	0
流动资产合计	50,514,000	其他流动负债	10,000,000
非流动资产:		流动负债合计	26,514,000
可供出售金融资产	0	非流动负债:	
持有到期投资	0	长期借款	6,000,000
长期应收款	0	应付债券	0
长期股权投资	2,500,000	长期应付款	0
投资性房地产	0	专项应付款	0
固定资产:	8,000,000	预计负债	0
在建工程	15,000,000	递延所得税负债	0
工程物资	0	其他流动负债	0
固定资产清理	0	非流动负债合计	6,000,000
生产性生物资产	0	负债合计	32,514,000
油气资产	0	股东权益:	
无形资产	6,000,000	实收资本(或股本)	50,000,000
开发支出	0	资本公积	0
商誉	0	减:库存股	0
长期待摊费用	0	盈余公积	1,000,000
递延所得税资产	0	未分配利润	500,000
其他非流动资产	2,000,000	股东权益合计	51,500,000
非流动资产合计	33,500,000		
资产总计	84,014,000	负债及股东权益计	84,014,000

2. 2008年天山股份有限公司发生的业务

(1) 收到银行通知，用银行存款支付到期的商业承兑汇票1,000,000元。

(2) 购入原材料一批，收到增值税专用发票上注明的原材料价款为1,500,000元，增值税进项税额为255,000元，款项已通过银行转账支付，材料尚未验收入库。

(3) 收到原材料一批，实际成本为1,000,000元，计划成本为950,000元，材料验收入库，款项已于上月支付。

(4) 用银行汇票支付采购材料款，公司收到开户银行转来银行汇票余款收账通知，通知上多余款项为2,340元，购入材料与运费为998,000元，支付的进项增值税为169,660元，原材料已验收入库，该批材料的计划成本为1,000,000元。

(5) 销售产品一批，开具的增值税专用发票上注明的销售款为3,000,000元，增值税销项税额为510,000元，货款尚未收到，该批产品的实际成本为1,800,000元，产品已发出。

(6) 公司将交易性金融资产(股票投资)兑现165,000元，该投资的实际成本为130,000元，公允价值变动为增值20,000元，处置收益为15,000元，均存入银行。

(7) 企业购入不需要安装的设备一台，收到的增值税专用发票上注明的设备价款为854,700元，增值税进项税额为145,300元。支付的包装费、运费为10,000元。价款及包装费、运费均以银行存款支付。设备已交付使用。

(8) 购入工程物资。其中一批用于建造厂房，收到的增值税专用发票上注明的材料价款和增值税进项税额合计为15,000,000元。

(9) 工程应付薪酬为2,280,000元。

(10) 一项工程完工，交付生产使用，已办理竣工手续，固定资产价值14,000,000元。

(11) 基本生产车间一台车床报废，原价2,000,000元，已提折旧1,800,000元，清理费用为5,000元，残值收入为8,000元，均通过银行存款收付。该固定资产已清理完毕。

(12) 从银行借入期限3年的借款10,000,000元，借款已存入银行账户。

(13) 销售产品一批，开具的增值税专用发票上注明的销售款为7,000,000元，增值税销项税额为1,190,000元，货款已收到，存入银行，该批产品的实际成本为4,200,000元。

(14) 公司将一张到期的面值为2,000,000元的无息银行承兑汇票(不含增值税)，连同解讫通知和进账单交存银行办理转账。收到银行盖章退回的进账单一联。款项银行已收妥入账。

(15) 公司出售一台不需要的设备，收到价款3,000,000元，该设备原价4,000,000元，已提折旧1,500,000元。该设备已由购买方运走，不考虑相关税费。

(16) 取得交易性金融资产(股票投资)的价款1,030,000元，交易费用20,000元，已由银行存款支付。

(17) 支付工资5,000,000元，其中包括在建工程人员工资2,000,000元。

(18) 分配应支付的职工工资3,000,000元(不包括在建工程应负担的工资)，其中生产人员薪酬 2,750,000 元,车间管理人员薪酬 100,000 元,行政管理部门人员薪酬 150,000 元。

(19)提取职工福利费 420,000 元(不包括在建工程应负担的福利费 280,000 元),其中生产人员福利费 385,000 元,车间管理人员福利费 14,000 元,行政管理部门人员福利费 21,000 元。

(20)基本生产车间领用原材料,计划成本 7,000,000 元,领用低值易耗品。计划成本为 500,000 元,采用一次摊销法摊销。

(21)结转领用原材料应负担的材料成本差异。材料成本差异率为 5%。

(22)计提无形资产摊销费 600,000 元,以银行存款 900,000 元支付基本生产车间水电费。

(23)计提固定资产折旧费 1,000,000 元。其中计入制造费用的 800,000 元,管理费用 200,000 元,计提固定资产减值准备 300,000 元。

(24)收到应收账款 510,000 元,存入银行。计提坏账准备 9,000 元。

(25)用银行存款支付产品展览费 100,000 元。

(26)计算并结转本月完工产品的成本为 12,824,000 元,本月末没有在产品。所生产的产品全部完工入库。

(27)用银行存款支付产品广告费为 100,000 元。

(28)公司采用商业承兑汇票方式销售产品一批,开具的增值税专用发票上注明的销售款为 2,500,000 元,增值税销项税额为 425,000 元,收到金额为 2,925,000 元的商业承兑汇票一张。该批产品的实际成本为 1,500,000 元。

(29)公司将上述商业承兑汇票到银行办理贴现,贴现息为 200,000 元。

(30)公司本期产品销售应交纳的教育费附加为 20,000 元。

(31)用银行存款交纳增值税为 1,000,000 元,教育费附加为 20,000 元。

(32)本期在建工程应负担的长期借款利息费用为 2,000,000 元。长期借款为分期付息。

(33)提取本月应计入本期损益的长期借款利息费用为 100,000 元,长期借款为分期付息。

(34)归还短期借款本金为 2,500,000 元。

(35)支付长期借款利息为 2,100,000 元。

(36)偿还长期借款为 6,000,000 元。

(37)上年销售的产品一批,开具的增值税专用发票上注明的销售款为 100,000 元,增值税销项税额 17,000 元,购货方开出商业承兑汇票。本期由于购货方发生财务困难,无法按合同规定偿还债务,经双方协议,甲公司同意购货方用产品抵偿该应收票据。用于抵债的产品市价为 800,000 元,增值税率为 17%。

(38)持有的交易性金融资产的公允价值为 1,050,000 元。

(39)结转本期产品销售成本 7,500,000 元。

(40)假设本例中,除固定资产减值准备300,000元造成固定资产账面价值与其计税基础存在差异外,不考虑其他项目的所得税影响。企业按税法规定计算确定的应交所得税为948,650元,递延所得税资产为75,000元。

(41)将各收支科目结转本年净利润。

(42)按净利润的10%提取法定盈余公积金。

(43)将利润分配各明细科目的余额转入"未分配利润"明细科目,结转本年利润。

(44)用银行存款交纳当年应交所得税。

一、要求

编制2008年甲公司经济业务的会计分录,并在此基础上编制资产负债表、利润表、现金流量表和所有者权益变动,并对主要财务指标进行分析。最后用连环替代法按杜邦财务分析体系对净资产收益率进行影响程度的分析。

二、实训用表

1. 会计分录表(代替记账凭证)

表3.17.2　会计分录表(代替记账凭证)

序号	会计分录
(1)	
(2)	
(3)	

续表 3.17.2

序号	会计分录
(4)	
(5)	
(6)	
(7)	
(8)	
(9)	
(10)	

续表 3.17.2

序号	会计分录
(11)	
(12)	
(13)	
(14)	
(15)	
(16)	
(17)	

续表 3.17.2

序号	会计分录
(18)	
(19)	
(20)	
(21)	
(22)	
(23)	
(24)	

续表 3.17.2

序号	会计分录
(25)	
(26)	
(27)	
(28)	
(29)	
(30)	
(31)	

续表 3.17.2

序号	会计分录
(32)	
(33)	
(34)	
(35)	
(36)	
(37)	

续表 3.17.2

序号	会计分录
(38)	
(39)	
(40)	
(41)	
(42)	
(43)	
(44)	

2. 编制2008年度资产负债表

表3.17.3　资产负债表　　　　　会企01表

编制单位：天山股份有限公司　　2008年12月31日　　　　　单位：元

资产	年末余额	年初余额	负债和所有者权益	年末余额	年初余额
流动资产：			流动负债：		
货币资金		14,630,000	短期借款		3,000,000
交易性金融资产		150,000	交易性金融负债		0
应收票据		2,460,000	应付票据		2,000,000
应收账款		3,991,000	应付账款		9,548,000
预付账款		1,000,000	预收账款		0
应收利息		0	应付职工薪酬		1,100,000
应收股利		0	应交税费		366,000
其他应收款		3,050,000	应付利息		0
存货		25,800,000	应付股利		0
一年内到期的非流动资产		0	其他应付款		500,000
其他流动资产		0	一年内到期的非流动负债		0
流动资产合计		50,514,000	其他流动负债		10,000,000
非流动资产：			流动负债合计		26,514,000
可供出售金融资产		0	非流动负债：		
持有到期投资		0	长期借款		6,000,000
长期应收款		0	应付债券		0
长期股权投资		2,500,000	长期应付款		0
投资性房地产		0	专项应付款		0
固定资产：		8,000,000	预计负债		0
在建工程		15,000,000	递延所得税负债		0
工程物资		0	其他流动负债		0
固定资产清理		0	非流动负债合计		6,000,000
生产性生物资产		0	负债合计		32,514,000

续表 3.17.3

资产	年末余额	年初余额	负债和所有者权益	年末余额	年初余额
油气资产		0	股东权益：		
无形资产		6,000,000	实收资本(或股本)		50,000,000
开发支出		0	资本公积		0
商誉		0	减:库存股		0
长期待摊费用		0	盈余公积		1,000,000
递延所得税资产		0	未分配利润		500,000
其他非流动资产		2,000,000	股东权益合计		51,500,000
非流动资产合计		33,500,000			
资产总计		84,014,000	负债及股东权益计		84,014,000

3. 根据天山股份有限公司 2008 年科目累计发生额编制 2008 年度利润表

表 3.17.4 2008 年度利润表科目累计发生额

编制单位：天山股份有限公司　　　　　　　　　　　　　　　　　　　　　单位：元

科目名称	借方发生额	贷方发生额
营业收入		12,500,000
营业成本	7,500,000	
营业税金及附加	20,000	
销售费用	200,000	
管理费用	971,000	
财务费用	300,000	
资产减值损失	309,000	
投资收益		15,000
营业外收入		500,000
营业外支出	220,400	
所得税费用	873,650	

表 3.17.5　利润表

会企 02 表

编制单位:天山股份有限公司　　　　2008 年度　　　　　　　　　　　　单位:元

项目	本期金额	上期金额
一、营业收入		10,400,000
减:营业成本		6,500,000
营业税金及附加		19,000
销售费用		150,000
管理费用		690,000
财务费用		235,000
资产减值损失		280,000
加:公允价值变动损益(损失以"-"号填列)		
投资收益(损失以"-"号填列)		225,000
其中:对联营企业和合营企业的投资收益		
二、营业利润(亏损以"-"号填列)		2,751,000
加:营业外收入		400,000
减:营业外支出		131,000
其中:非流动资产处置损失		
三、利润总额(亏损总额以"-"号填列)		3,020,000
减:所得税费用		996,600
四、净利润(净亏损以"-"号填列)		2,023,400
五、每股收益:		
(一)基本每股收益		
(二)稀释每股收益		

4. 编制 2008 年度现金流量表

沿用本题资料和编制的资产负债表、利润表,采用工作底稿法编制现金流量表的具体步骤如下:

(1)将资产负债表的年初余额和年末余额过入工作底稿的期数栏和期末数栏。

(2)对当期业务进行分析并编制调整分录。

表3.17.6　调整会计分录

序号	分析调整项目	调整会计分录
(1)	营业收入	
(2)	营业成本	
(3)	营业税金及附加	
(4)	销售费用	
(5)	管理费用	
(6)	财务费用	

续表 3.17.6

序号	分析调整项目	调整会计分录
(7)	资产减值损失	
(8)	公允价值变动收益	
(9)	投资收益	
(10)	营业外收入	
(11)	营业外支出	
(12)	所得税费用	

续表 3.17.6

序号	分析调整项目	调整会计分录
(13)	固定资产	
(14)	累计折旧	
(15)	在建工程	
(16)	累计摊销	
(17)	短期借款	
(18)	应付职工薪酬	

续表 3.17.6

序号	分析调整项目	调整会计分录
(19)	应交税费	
(20)	长期借款	
(21)	结转净利润	
(22)	提取盈余公积	
(23)	现金净变化额	

(3)将调整会计分录过入工作底稿

表3.17.7 现金流量表工作底稿

项目	期初数	调整分录		期末数
		借方	贷方	
一、资产负债表项目				
借方项目:				
货币资金				
交易性金融资产				
应收票据				
应收账款				
预付账款				
应收利息				
应收股利				
其他应收款				
存货				
一年内到期的非流动资产				
其他流动资产				
可供出售金融资产				
持有到期投资				
长期应收款				
长期股权投资				
投资性房地产				
固定资产:				
在建工程				
工程物资				
固定资产清理				
无形资产				
开发支出				
商誉				

续表 3.17.7

项目	期初数	调整分录		期末数
		借方	贷方	
长期待摊费用				
递延所得税资产				
其他非流动资产				
借方项目合计				
贷方项目:				
坏账准备				
累计折旧				
累计摊销				
固定值产减值准备				
短期借款				
应付票据				
应付账款				
预收账款				
应付职工薪酬				
应交税费				
应付利息				
应付股利				
其他应付款				
其他流动负债				
长期借款				
应付债券				
长期应付款				
专项应付款				
预计负债				
递延所得税负债				
其他流动负债				

续表 3.17.7

项目	期初数	调整分录		期末数
		借方	贷方	
实收资本(或股本)				
资本公积				
盈余公积				
未分配利润				
减:库存股				
贷方项目合计				
二、利润表项目				
营业收入				
营业成本				
营业税金及附加				
销售费用				
管理费用				
财务费用				
资产减值损失				
公允价值变动损益(损失以"-"号填列)				
投资收益(损失以"-"号填列)				
营业外收入				
营业外支出				
所得税费用				
净利润(净亏损以"-"号填列)				
三、现金流量表项目				
(一)经营活动产生的现金流量				
销售商品、接受劳务收到的现金				
收到的税费返还				
经营活动现金流入小计				
收到其他与经营活动有关的现金				

续表 3.17.7

项目	期初数	调整分录 借方	调整分录 贷方	期末数
购买商品、接受劳务支付的现金				
支付给职工以及为职工支付的现金				
支付的各种税费				
支付的其他与经营活动有关的现金				
经营活动现金流出小计				
经营活动产生的现金流量净额				
(二)投资活动产生的现金流量				
收回投资收到的现金				
取得投资收益收到的现金				
处置固定资产、无形资产和其他长期资产收到的现金净额				
处置子公司及其他营业单位收到的现金净额				
收到的其他与投资活动有关的现金				
投资活动现金流入小计				
购建固定资产、无形资产和其他长期资产支付的现金				
投资支付的现金				
取得公司及其他营业单位支付的现金				
支付的其他与投资活动有关的现金				
投资活动现金流出小计				
投资活动产生的现金流量净额				
(三)筹资活动产生的现金流量				
吸收投资收到的现金				
取得借款收到的现金				
收到的其他与筹资活动有关的现金				
筹资活动现金流入小计				

续表 3.17.7

项目	期初数	调整分录 借方	调整分录 贷方	期末数
偿还债务支付的现金				
分配股利、利润或偿付利息支付的现金				
支付的其他与筹资活动有关的现金				
筹资活动现金流出小计				
筹资活动产生的现金流量净额				
四、汇率变动对现金的等价物的影响				
五、现金及现金等价物净增加额				
调整分录借贷合计				

4．根据现金流量工作底稿编制现金流量表

表 3.17.8　现金流量表　　　　　　　　　　　　会企　03 表

编制单位：天山股份有限公司　　　2008 年度　　　　　　单位：元

项目	本期金额
一、经营活动产生的现金流量	
销售商品、接受劳务收到的现金	
收到的税费返还	
收到的其他与经营活动有关的现金	
经营活动现金流入小计	
购买商品、接受劳务支付的现金	
支付给职工以及为职工支付的现金	
支付的各种税费	
支付的其他与经营活动有关的现金	
经营活动现金流出小计	
经营活动产生的现金流量净额	
二、投资活动产生的现金流量	
收回投资收到的现金	
取得投资收益收到的现金	

续表 3.17.8

项目	本期金额
处置固定资产、无形资产和其他长期资产收到的现金净额	
处置子公司及其他营业单位收到的现金净额	
收到的其他与投资活动有关的现金	
投资活动现金流入小计	
购建固定资产、无形资产和其他长期资产支付的现金	
投资支付的现金	
取得公司及其他营业单位支付的现金	
支付的其他与投资活动有关的现金	
投资活动现金流出小计	
投资活动产生的现金流量净额	
三、筹资活动产生的现金流量	
吸收投资收到的现金	
取得借款收到的现金	
收到的其他与筹资活动有关的现金	
筹资活动现金流入小计	
偿还债务支付的现金	
分配股利、利润或偿付利息支付的现金	
支付的其他与筹资活动有关的现金	
筹资活动现金流出小计	
筹资活动产生的现金流量净额	
四、汇率变动对现金的等价物的影响	
五、现金及现金等价物净增加额	
加:期初现金及现金等价物余额	
六、期末现金及现金等价物余额	

5. 根据本题资料编制所有者权益变动表

表 3.17.9　所有者权益变动表　　　　　　　　　　　　　　　会企 04 表

编制单位:天山股份有限公司　　　　　2008 年度　　　　　　　　　　单位:元

项目	本年金额						上年金额					
	实收资本（或股本）	资本公积	减：库存股	盈余公积	未分配利润	所有者权益合计	实收资本（或股本）	资本公积	减：库存股	盈余公积	未分配利润	所有者权益合计
一、上年年末余额	5,000,000	0	0	100,000	50,000	5,150,000						
加:会计政策变更												
前期差错更正												
二、本年年初余额	5,000,000	0	0	100,000	50,000	5,150,000						
三、本年增减变动金额(减少以"-"号填列)												
（一）净利润												
（二）直接计入所有者权益的利得和损失												
1.可供出售金融资产公允价值变动净额												
2.权益法下被投资单位其他所有者权益变动的影响												
3.与计入所有者权益项目相关的所得税影响												

续表 3.17.9

项目	本年金额						上年金额					
	实收资本（或股本）	资本公积	减：库存股	盈余公积	未分配利润	所有者权益合计	实收资本（或股本）	资本公积	减：库存股	盈余公积	未分配利润	所有者权益合计
4.其他												
上述(一)和(二)小计												
(三)所有者投入和减少资本												
1.所有者投入资本												
2.股份支付计入所有者权益的金额												
3.其他												
(四)利润分配												
1.提取盈余公积												
2.对所有者(或股东)的分配												
3.其他												
(五)所有者权益内部结转												
1.资本公积转增资本(或股本)												
2.盈余公积转增资本(或股本)												
3.盈余公积弥补亏损												
4.其他												
四、本年年末余额												

6. 主要财务指标分析

(1) 偿债能力指标

表 3.17.10　偿债能力指标

指标		2007 年	2008 年
短期偿债	流动比率		
	速动比率		
长期偿债	资产负债率		
	产权比率		

(2) 根据上述资产负债表、利润表和补充资料计算营运能力指标。

表 3.17.11　2006 年至 2008 年部分补充资料

项目	2006 年	2007 年	2008 年
营业收入		10,400,000	12,500,000
营业成本		6,500,000	7,500,000
营业利润		2,751,000	3,215,000
应收账款(含应收票据)年末余额	5,003,000	6,451,000	7,325,000
存货年末余额	24,000,000	25,800,000	25,827,000
流动资产年末余额	49,300,000	50,514,000	52,756,690
固定值产年末余额	6,800,000	8,000,000	18,864,700
资产年末总值	75,600,000	84,014,000	88,376,390
年末净资产	49,476,600	51,500,000	54,120,950

表 3.17.12　运营能力指标

项目		2007 年	2008 年
流动资产周转率	应收账款周转率	平均应收账款余额		
		应收账款周转率/次		
		应收账款周转期/天		
	存货周转率	平均存货余额		
		存货周转率/次		
		存货周转期/天		

续表 3.17.12

流动资产周转率	流动资产周转率	平均流动资产余额		
		流动资产周转率/次		
		流动资产周转期/天		
固定资产周转率		平均固定资产净额		
		固定资产周转率/次		
		固定资产周转期/天		
总资产周转率		总资产周转率/次		
		总资产周转期/天		

(3) 根据上述资产负债表、利润表和补充资料计算获利能力指标。假设上述利润表中的财务费用全部为利息支出。

表 3.17.13 获利能力指标

项目	公式	2007 年	2008 年
营业利润情况	营业利润		
	营业收入		
	营业利润率		
成本费用利润情况	成本费用总额		
	利润总额		
	成本费用利润率		
总资产报酬情况	平均资产总额		
	总资产报酬率		
净资产收益情况	平均净资产		
	净资产收益率		

4. 计算企业发展能力指标

表 3.17.14　企业发展能力指标

项　　目	2008 年（计算过程）
营业收入增长率	
资产保值增值率	
总资产增长率	
营业利润增长率	

7. 企业综合指标分析（杜邦分析）

表 3.17.15　2007 年综合指标分析

净资产收益率=			
总资产收益率		权益乘数=1÷(1-资产负债率)	
营业净利润率=净利润÷营业收入	总资产收益率=营业收入÷资产平均总额	资产负债率=负债总额(平均)÷资产总额(平均)	
净利润=营业收入-成本费用合计+投资收益+营业外收入净额-所得税费用		负债总额	资产总额

成本费用合计=营业成本+营业税金及附加+销售费用+管理费用+财务费用

8. 2008年综合指标分析

表 3.17.16　2008年综合指标分析

净资产收益率=			
总资产收益率		权益乘数=1÷(1−资产负债率)	
营业净利润率=净利润÷营业收入	总资产收益率=营业收入÷资产平均总额	资产负债率=负债总额(平均)÷资产总额(平均)	
净利润=营业收入−成本费用合计+投资收益+营业外收入净额−所得税费用		负债总额	资产总额
成本费用合计=营业成本+营业税金及附加+销售费用+管理费用+财务费用			

9. 用连环替代法对影响净资产收益率的影响程度进行分析

表 3.17.17　用连环替代法对影响净资产收益率的影响程度进行分析

项目	2009 年	2010 年
净资产收益率/%		
第一次替换：		
影响程度		
第二次替换：		
影响程度		
第三次替换：		
影响程度		
最终结果验证		

四、答案提示

1. 2008 年资产负债表中的项目

货币资金为 14,504,690;存货为 25,824,000;流动资产合计为 52,756,690;资产合计为 88,376,390;递延所得税资产为 75,000;负债合计为 34,255,440;所有者权益为 54,120,950。

2. 2008 年利润表的项目

营业利润为 3,215,000;利润总额为 3,494,600;净利润为 2,620,950。

3. 现金流量表的项目

经营活动产生的现金量净额 = 13,425,000 - 10,136,610 = 3,288,390。
投资活动产生的现金量净额 = 3,168,000 - 5,414,700 = -2,246,700。
筹资活动产生的现金量净额 = 10,000,000 - 10,600,000 = -600,000。
现金及现金等价物净增加额 = 14,504,690 - 14,063,000 = 441,690。

4. 主要指标

(1) 偿债指标。

流动比率:年初流动比率为 1.91;年末流动比率为 1.16。
速动比率:年初流动比率为 1.86;年末流动比率为 0.94。
资产负债率:年初流动比率为 38.70%;年末流动比率为 38.76%。
产权比率:年初流动比率为 0.63;年末流动比率为 0.64。

(2) 运营指标。

应收账款周转次(天):2007 年为 1.82(198.24);2008 年为 1.79(197.37)。
存货周转次(天):2007 年为 0.26(1,379.08);2008 年为 0.29(1,239.05)。
流动资产周转次(天):2007 年为 0.21(1,727.55);2008 年为 0.24(1,487.10)。
固定资产周转次(天):2007 年为 1.41(256.15);2008 年为 0.93(386.85)。
总资产周转次(天):2007 年为 0.13(3,762.55);2008 年为 0.15(2,482.42)。

(3) 获利能力指标。

营业利润率:2007 年为 26.45%;2008 年为 25.72%。
成本费用利润率:2007 年为 0.40;2008 年为 0.39。
总资产报酬率:2007 年为 0.025;2008 年为 0.03。
净资产收益率:2007 年 4.01%;2008 年为 4.96%。

(4) 发展指标。

营业收入增长率为 20.19%;资本保值增值率为 105.09%。
总资产增长率为 5.19%;营业利润增值率为 16.87%。

(5) 综合指标分析。

2008 年净资产收益率为 4.96%。

2007年净资产收益率为4.00%。

(6)对净资产收益影响程度的连环替代分析。

营业净利润、总资产周转率和权益乘数的影响程度分别为0.31%、0.33%和0.17%。

【实训十八】 撰写财务分析评价报告

一、资料

根据【实训十七】的资料,从企业的偿债能营运能力、获利能力、发展能力和综合情况,以财务主管的身份,向天山股份有限公司董事会撰写财务分析报告,字数在2 000~3 000字之间。

二、提示

评价报告由封皮、正文和附录三部分组成。

1. 封皮

写清楚评价对象和评价工作机构。

2. 正文

除了必须写清楚评价委托方、评价依据的数据资料的来源、评价指标体系和方法、采用的评价标准值、评价责任等内容外,还应包括对企业基本情况的描述,评价结果和结论,企业主要指标对比分析,影响企业经营的外表条件、因素和重要事项的披露,对企业未来发展状况的预测,企业经营中存在的问题及改进建议等内容。

3. 附录

附录包括对分析对象经营状况的详细分析报告,有关问题的说明、评价计分表、有关评价分析的基本文件和数据资料、评价工作人员名单等。

三、要求

根据【实训十七】的资料,编写财务分析评价报告的正文。

表 3.18.1　财务分析报告

附 录

附录一　财务分析中各种指标的计算方法与分析评价提示

一、资产负债表、利润表相关指标分析

（一）偿债能力指标

附表1　偿债能力指标

指标		公式及分析重点
短期偿债	流动比率	=流动资产÷流动负债×100% 　　一般认为200%较为适当，从债权人角度看，越高越好，但从企业角度看，过高的流动比率，通常意味着企业闲置现金的持有量过多，必然造成机会成本的增加和获利能力的降低
	速动比率	=速动资产÷流动负债×100% 　　其中：速动资产=货币资金+交易性金融资产+应收账款+应收票据 　　　　或=流动资产-存货-预付账款--年内到期非流动资产-其他流动资产 　　一般情况下，速动比率越高越好，但过高的速动比率，通常意味着企业占用过多的现金和应收账款，因而增加企业的机会成本，影响企业的获利能力。 　　一般认为100%较为适当。如果小于100%，必然使企业面临很大的偿债风险

续附表1

指标		公式及分析重点
长期偿债	资产负债率	=负债总额÷资产总额×100% 一般情况下,资产负债率越小,说明企业的偿债能力越强。国际上通常认为60%时较为适当。如果资产负债率过大,则表明企业债务负担重,企业资金实力不强,不仅对债务人不利,而且有濒临倒闭的危险
	产权比率	=负债总额÷所有者权益总额×100% 一般情况下,产权比率越小,说明企业的偿债能力越强,债务人权益的保障系数越高,承担的风险就越低小,但过低,企业就不能发挥债务的财务杠杆效应。因此,在保证债务偿还安全的前提下,应尽可能提高产权比率
	已获利息倍数	=息税前利润÷利息费用 该指标用于衡量偿付借款利息的能力,当指标大于1时,表明企业利用贷款创造的收益不仅能够支付利息,还有剩余;当指标小于1时,表明企业支付利息必须动用自有资金。从长期看,该指标应当大于1,且该指标越高表明企业的债务偿还越有保障

(二)营运能力指标

附表2 营运能力指标

指标		公式及分析重点
流动资产周转情况	应收账款周转率	=营业收入÷平均应收账款余额 其中:平均应收账款余额=(应收账款年初数+应收账款年末数)÷2 应收账款周转期(周转天数)=平均应收账款余额×360÷营业收入 应收账款周转率越高,说明资产流动性强,短期偿债能力也强
	存货周转率	=营业成本÷平均存货余额 其中:平均存货余额=(存货年初数+存货年末数)÷2 存货周转期(周转天数)=平均存货余额×360÷营业成本 存货周转率越高,说明变现速度越快,周转额越大,资金占用水平越大低
	流动资产周转率	=营业收入÷平均流动资产余额 其中:平均流动资产余额=(流动资产年初数+流动资产年末数)÷2 流动资产周转期(周转天数)=平均流动资产余额×360÷营业收入 流动资产周转次数越多,说明相同资产完成的周转越多;周转额越大,说明流动资产的利用效果越好
固定资产周转情况		=营业收入÷平均固定资产净额 其中:平均固定资产净额=(固定资产净额年初数+固定资产净额年末数)÷2 固定资产周转期(周转天数)=平均固定资产净额×360÷营业收入 固定资产净额周转率越高,说明企业固定资产利用越充分,同时也表明企业固定资产投资得当,结构合理,并能充分发挥其效率
总资产周转情况		=营业收入÷平均资产总额 其中:平均资产总额=(资产总额年初数+资产总额年末数)÷2 总资产周转期(周转天数)=平均资产总额×360÷营业收入 资产总额周转率越高,说明企业全部资产的适用效率越高越

(三)获利能力指标

附表3　获利能力指标

项目	公式及分析重点
营业利润率	=营业利润÷营业收入×100% 营业利润率越高,表明企业市场竞争力越强,发展潜力越大,盈利能力越强
营业净利润率	=净利润÷营业收入×100% 营业净利润率越高,也表明企业市场竞争力越强,发展潜力越大,盈利能力越强
营业毛利率	=(营业收入-营业成本)÷营业收入×100% 营业毛利率越高,表明企业盈利的空间越大,产品市场前景看好
成本费用利润率	=利润总额÷成本费用总额×100% 其中:成本费用总额=营业成本+营业税金及附加+销售费用+管理费用+财务费用 成本费用利润率越高,表明企业获取的利润而付出的代价越小;成本费用控制得越好,企业获利能力越强
总资产报酬率	=息税前利润÷平均资产总额×100% 其中:息税前利润=利润总额+利息支出 　　或=净利润+所得税+利息支出 一般情况下,总资产报酬率越高,表明企业的资产利用效果越好,整个企业的获利能力越强,经营管理水平越高
净资产收益率	=净利润÷平均净资产×100% 其中:平均净资产=(所有者权益年初数+所有者权益年末数)÷2 净资产收益率是评价企业自有资本及积累获取报酬水平的最具有综合性与代表性的指标。一般认为,净净资产收益越高,企业自有资本获取收益的能力就越强,运营效果越好,对企业投资人、债权人利益的保障系数就越高

(四)发展能力指标

附表4　发展能力指标

项目	公式及分析重点
营业收入增长率	=本年营业收入增长率=本年营业收入增长额÷上年营业收入总额×100% 其中:本年营业收入增长额=本年营业收入总额-上年营业收入总额 该指标如大于0,表明本年度营业收入有所增长,指标越高,表明增长速度越快,企业市场前景越好;该指标如小于0,表明产品或服务不适销对路,质次价高,或是在售后服务等方面存在问题,市场份额开始萎缩
资产保值增值率	=扣除客观因素后的本年末所有者权益总额÷年初所有者权益总额×100% 一般认为,资本保值增值指标越高,表明企业的资本保全状况越好,所有者权益增长越快,债权人的债务越有保障。该指标通常应当大于100%

续附表 4

项目	公式及分析重点
总资产增长率	=总资产增长率=本年总资产增长额÷年初总资产总额×100% 其中：本年总资产增长额=总资产年末额-总资产年初总额 该指标越高，表明企业在一定期间内资产经营扩张的速度越快。但在分析时，应注意考虑资产规模扩展和量的关系，以及企业的后续发展能力，避免资产盲目扩展
营业利润增长率	本年营业利润增长率=本年营业利润增长额÷上年营业利润总额×100% 其中：本年营业利润增长额=本年营业利润总额-上年营业利润总额 该指标越高，表明企业一定期间内营业利润增长的速度越快

（五）综合分析指标

附表 5　综合分析指标

项目	公式及分析重点
杜邦财务分析体系	净资产收益率=总资产净利率×权益乘数=营业净利率×总资产周转率×权益乘数 其中：营业净利率=净利润÷营业收入 　　　总资产周转率=营业收入÷平均资产总额 　　　权益乘数=资产总额÷所有者权益总额=1÷(1-资产负债率)

二、现金流量表相关指标的分析

附表 6　现金流量表相关指标的分析

指标		公式及分析重点
流动性分析	现金到期债务比	=经营现金净流入÷本期到期的债务 　　本期到期的债务包括本期到期的长期债务和本期应付票据。该比率越高，则表明企业偿债能力越好。如果该指标小于1，说明企业经营活动产生的现金不足以偿付到期的债务本息，企业必须对外筹资或出售资产才能偿还债务
	现金流动负债比	=经营现金净流入÷流动负债 　　通常认为，运作比较好的公司其现金流量比率大于0.4。该指标数值越高，表明企业偿还短期债务的能力越强
	现金债务总额比	=经营活动的现金净流入÷负债总额 　　该指标比率越大，说明企业承担债务的能力越强

续附表 6

指标		公式及分析重点
获取现金能力	营业收入现金比	=经营现金净流入÷营业收入 该比率越大越好
	每股营业现金净流量	=经营现金净流入÷流通在外的普通股股数 该比率越大,说明企业竞相资本支出和支付股利的能力越强
	全部资产现金回收率	=经营现金净流入÷全部资产 该指标反映企业运营全部资产获取现金的能力。该比率越大越好
	盈利现金保障倍数	=经营现金净流入÷净利润 该指标越大越好,表明企业经营活动产生的净利润对现金的贡献越大
财务弹性分析	现金满足投资比率	=近5年经营活动现金净流入÷(近5年资本支出+存货增加现金股利) 如果现金满足投资比率大于1,表明该企业经营活动所形成的现金流量能满足企业日常基本需要,不需要外部投资;如果现金满足投资比率小于1,表明该企业经营活动所形成的现金流量不能满足股利和经营增长的水平,不足的现金靠减少现金余额或外部筹资提供
	现金股利保障系数	=经营现金净流入÷现金股利额 该指标越高,说明企业的现金股利占获取经营现金的比重越小,企业支付现金越有保障

三、所有者权益变动表相关指标的分析

附表7 所有者权益变动表相关指标的分析

项目	公式及分析重点
资本收益率	=净利润÷平均资本 其中:平均资本=[(年初实收资本+年初资本公积)+(年末实收资本+年初资本公积)]÷2 该指标反映企业实际获得投资额的回报水平。该比率越大越好
资本保值增值率	=扣除客观因素后的本年末所有者权益总额÷年初所有者权益总额×100% 一般认为,资本保值增值指标越高,表明企业的资本保全状况越好,所有者权益增长越快,债权人的债务越有保障。该指标通常应当大于100%
资本积累率	=本年所有者权益增长额÷年初所有者权益总额 本年所有者权益增长额=所有者权益年末数-所有者权益年初数 该指标越高,表明企业的资本积累越多,应付风险、持续发展的能力越大

四、上市公司盈利指标分析

附表8　上市公司盈利指标分析

项目		公式及分析重点
每股收益	基本公式	= 净利润÷年末普通股股份总数 　　每股收益是衡量上市公司盈利能力最常用的财务指标,它反映普通股的获利水平,也是衡量上市公司市场价值大小的重要指标。一般来说,该指标值越高,说明企业获利能力就越强,股东的投资收益就越好,每一股份所得利润也越多
	基本每股收益	= 归属于普通股股东的当期净利润÷发行在外普通股加权平均数 　　其中:发行在外普通股加权平均数=期初发行在外的普通股股数+当期新发行普通股股数×已发行时间÷报告期时间-当期回购普通股股数×已回购时间÷报告期时间
	稀释每股收益	= 调整后的归属于普通股股东的当期净利润÷(计算基本每股收益时普通股加权平均数+假定稀释性潜在普通股转换为已发行普通股而增加的普通股股份的加权平均数) 　　所谓稀释性潜在普通股是指假定当期转换为普通股会减少每股收益的潜在普通股
市盈率		= 每股市价÷每股收益 　　一般来讲,该指标越低,说明投资股票的风险越小,取得同样的盈利额所需投资额越小,相对来说投资价值也越大,但不能一概而论。一般的期望报酬率为5%~20%,所以正常的市盈率在5~20
每股股利		= 股利总额÷年末普通股股份总额 　　每股股利代表着普通股持有者每股股份所获得的股利收益,同时又是衡量股票质量的一项重要指标。作为高质量股票的标志之一,就是每股股利正常稳定并逐年持续增长。对于股票投资者特别是短期投资者来说每股利润总是越高越好
股票获利率		= 普通股每股股利÷普通股每股市价×100% 　　该指标也称股利报酬率,反映股东在股利方面所获得的投资报酬率。对于股票投资者是越高越好。
股利支付(发放)率		= 普通股每股股利÷普通股每股收益×100% 　　股利支付率主要是用来衡量公司当期每股收益中,有多大比例以股利形式支付给普通股股东。股利支付率并没有固定的标准,其高低取决于上市公司股利的分配政策
股利保障倍数		= 普通股每股收益÷普通股每股股利×100% 　　股利保障倍数是股利支付率的倒数,是一种安全性指标。其倍数越大,支付股利的能力越强

续附表8

项目	公式及分析重点
留存盈余比率	=(净利润-全部股利)÷净利润×100% 该指标的高低,可以反映公司的股利政策。如果公司认为有必要增加内容积累资金,以扩大经营规模,经股东大会同意可以采用较高的留存盈余比率;否则,反之。显然,提高留存盈余比率必然降低股利发放率
每股净资产	=年度末股东权益÷年度末普通股总数 一般情况下,在公司性质相同、股票市价相近的情况下,公司的每股净资产值越高,则公司发展的潜力与股票的投资价值就越大,投资者所承担的风险就越小
市净率	=每股市价÷每股净资产 市净率又称为净资产倍率,是指上市公司普通股每股市价为每股净资产的倍数。一般来说,市净率大于2,可以树立较好的公司形象

五、附注

根据我国在《企业会计准则第30号——财务报表列报》第二条的规定,财务报表至少应包括资产负债表、利润表、现金流量表、所有者权益(或股东权益)变动表和附注。

附注是对资产负债表、利润表、现金流量表、所有者权益变动表等报表中列示项目的文字描述或明细资料,以及未能在这些报表中列示项目的说明等。

通过附注与资产负债表、利润表、现金流量表、所有者权益变动表列示项目的参照关系,以及未能在这些报表中列示项目的说明,可以使报表使用者全面了解企业的财务状况、经营成果和现金流量。

附注应当披露的内容包括:企业的基本情况;财务报表的编制基础;遵循会计准则的说明;重要会计政策和会计估计;会计政策和会计估计变更以及差错更正的说明;报表重要项目的说明和其他需要说明的重要事项。

总之,会计报表和附注是企业财务报告的组成部分。

六、沃尔比重评分法的基本步骤

(1)选择评价指标并分配指标权重。

(2)确定各项指标的标准值。财务指标的标准值一般可以是行业平均值、企业历史先进数、国家有关标准或者国际公认数为准来加以确定。

(3)对各项评价指标计分并计算综合分数。其公式如下

各项评价指标的得分(或相对比率)= 各项指标的权数×指标的实际值÷标准值

综合得分= ∑ 各项评价指标的得分

(4)评价结果。在最终评价时,如果综合得分大于100%,则说明企业的财务状况比较好;反之,则说明企业的财务状况比同行业平均水平或本企业历史先进水平差。

附录二　企业会计准则第30号——财务报表列报(2006)

第一章　总则

第一条　为了规范财务报表的列报,保证同一企业不同期间和同一期间不同企业的财务报表相互可比,根据《企业会计准则——基本准则》,制定本准则。

第二条　财务报表是对企业财务状况、经营成果和现金流量的结构性表述。财务报表至少应当包括下列组成部分:

（一）资产负债表;

（二）利润表;

（三）现金流量表;

（四）所有者权益（或股东权益,下同）变动表;

（五）附注。

第三条　现金流量表的编制和列报以及其他会计准则的特殊列报要求,适用《企业会计准则第31号——现金流量表》和其他相关会计准则。

第二章　基本要求

第四条　企业应当以持续经营为基础,根据实际发生的交易和事项,按照《企业会计准则——基本准则》和其他各项会计准则的规定进行确认和计量,在此基础上编制财务报表。

企业不应以附注披露代替确认和计量。

以持续经营为基础编制财务报表不再合理的,企业应当采用其他基础编制财务报表,并在附注中披露这一事实。

第五条　财务报表项目的列报应当在各个会计期间保持一致,不得随意变更,但下列情况除外:

（一）会计准则要求改变财务报表项目的列报。

（二）企业经营业务的性质发生重大变化后,变更财务报表项目的列报能够提供更可靠、更相关的会计信息。

第六条　性质或功能不同的项目,应当在财务报表中单独列报,但不具有重要性的项目除外。

性质或功能类似的项目,其所属类别具有重要性的,应当按其类别在财务报表中单独列报。

重要性,是指财务报表某项目的省略或错报会影响使用者据此作出经济决策的,该项目具有重要性。重要性应当根据企业所处环境,从项目的性质和金额大小两方面予以判断。

第七条 财务报表中的资产项目和负债项目的金额、收入项目和费用项目的金额不得相互抵消,但其他会计准则另有规定的除外。

资产项目按扣除减值准备后的净额列示,不属于抵消。

非日常活动产生的损益,以收入扣减费用后的净额列示,不属于抵消。

第八条 当期财务报表的列报,至少应当提供所有列报项目上一可比会计期间的比较数据,以及与理解当期财务报表相关的说明,但其他会计准则另有规定的除外。

根据本准则第五条的规定,财务报表项目的列报发生变更的,应当对上期比较数据按照当期的列报要求进行调整,并在附注中披露调整的原因和性质,以及调整的各项目金额。对上期比较数据进行调整不切实可行的,应当在附注中披露不能调整的原因。

不切实可行,是指企业在作出所有合理努力后仍然无法采用某项规定。

第九条 企业应当在财务报表的显著位置至少披露下列各项:

(一)编报企业的名称。

(二)资产负债表日或财务报表涵盖的会计期间。

(三)人民币金额单位。

(四)财务报表是合并财务报表的,应当予以标明。

第十条 企业至少应当按年编制财务报表。年度财务报表涵盖的期间短于一年的,应当披露年度财务报表的涵盖期间,以及短于一年的原因。

对外提供中期财务报告的,还应遵循《企业会计准则第32号——中期财务报告》的规定。

第十一条 本准则规定在财务报表中单独列报的项目,应当单独列报。其他会计准则规定单独列报的项目,应当增加单独列报项目。

第三章 资产负债表

第十二条 资产和负债应当分别流动资产和非流动资产、流动负债和非流动负债列示。

金融企业的各项资产或负债,按照流动性列示能够提供可靠且更相关信息的,可以按照其流动性顺序列示。

第十三条 资产满足下列条件之一的,应当归类为流动资产:

(一)预计在一个正常营业周期中变现、出售或耗用。

(二)主要为交易目的而持有。

(三)预计在资产负债表日起一年内(含一年,下同)变现。

(四)自资产负债表日起一年内,交换其他资产或清偿负债的能力不受限制的现金或现金等价物。

第十四条　流动资产以外的资产应当归类为非流动资产,并应按其性质分类列示。

第十五条　负债满足下列条件之一的,应当归类为流动负债:

(一)预计在一个正常营业周期中清偿。

(二)主要为交易目的而持有。

(三)自资产负债表日起一年内到期应予以清偿。

(四)企业无权自主地将清偿推迟至资产负债表日后一年以上。

第十六条　流动负债以外的负债应当归类为非流动负债,并应按其性质分类列示。

第十七条　对于在资产负债表日起一年内到期的负债,企业预计能够自主地将清偿义务展期至资产负债表日后一年以上的,应当归类为非流动负债;不能自主地将清偿义务展期的,即使在资产负债表日后、财务报告批准报出日前签订了重新安排清偿计划协议,该项负债仍应归类为流动负债。

第十八条　企业在资产负债表日或之前违反了长期借款协议,导致贷款人可随时要求清偿的负债,应当归类为流动负债。

贷款人在资产负债表日或之前同意提供在资产负债表日后一年以上的宽限期,企业能够在此期限内改正违约行为,且贷款人不能要求随时清偿,该项负债应当归类为非流动负债。

其他长期负债存在类似情况的,比照上述第一款和第二款处理。

第十九条　资产负债表中的资产类至少应当单独列示反映下列信息的项目:

(一)货币资金。

(二)应收及预付款项。

(三)交易性投资。

(四)存货。

(五)持有至到期投资。

(六)长期股权投资。

(七)投资性房地产。

(八)固定资产。

(九)生物资产。

(十)递延所得税资产。

(十一)无形资产。

第二十条　资产负债表中的资产类至少应当包括流动资产和非流动资产的合计项目。

第二十一条　资产负债表中的负债类至少应当单独列示反映下列信息的项目:

(一)短期借款。

(二)应付及预收款项。
(三)应交税金。
(四)应付职工薪酬。
(五)预计负债。
(六)长期借款。
(七)长期应付款。
(八)应付债券。
(九)递延所得税负债。

第二十二条 资产负债表中的负债类至少应当包括流动负债、非流动负债和负债的合计项目。

第二十三条 资产负债表中的所有者权益类至少应当单独列示反映下列信息的项目:
(一)实收资本(或股本)。
(二)资本公积。
(三)盈余公积。
(四)未分配利润。
在合并资产负债表中,应当在所有者权益类单独列示少数股东权益。

第二十四条 资产负债表中的所有者权益类应当包括所有者权益的合计项目。

第二十五条 资产负债表应当列示资产总计项目,负债和所有者权益总计项目。

第四章 利润表

第二十六条 费用应当按照功能分类,分为从事经营业务发生的成本、管理费用、销售费用和财务费用等。

第二十七条 利润表至少应当单独列示反映下列信息的项目:
(一)营业收入。
(二)营业成本。
(三)营业税金。
(四)管理费用。
(五)销售费用。
(六)财务费用。
(七)投资收益。
(八)公允价值变动损益。
(九)资产减值损失。
(十)非流动资产处置损益。

(十一)所得税费用。
(十二)净利润。
金融企业可以根据其特殊性列示利润表项目。
第二十八条 在合并利润表中,企业应当在净利润项目之下单独列示归属于母公司的损益和归属于少数股东的损益。

第五章 所有者权益变动表

第二十九条 所有者权益变动表应当反映构成所有者权益的各组成部分当期的增减变动情况。当期损益、直接计入所有者权益的利得和损失,以及与所有者(或股东,下同)的资本交易导致的所有者权益的变动,应当分别列示。
第三十条 所有者权益变动表至少应当单独列示反映下列信息的项目:
(一)净利润。
(二)直接计入所有者权益的利得和损失项目及其总额。
(三)会计政策变更和差错更正的累积影响金额。
(四)所有者投入资本和向所有者分配利润等。
(五)按照规定提取的盈余公积。
(六)实收资本(或股本)、资本公积、盈余公积、未分配利润的期初和期末余额及其调节情况。

第六章 附注

第三十一条 附注是对在资产负债表、利润表、现金流量表和所有者权益变动表等报表中列示项目的文字描述或明细资料,以及对未能在这些报表中列示项目的说明等。
第三十二条 附注应当披露财务报表的编制基础,相关信息应当与资产负债表、利润表、现金流量表和所有者权益变动表等报表中列示的项目相互参照。
第三十三条 附注一般应当按照下列顺序披露:
(一)财务报表的编制基础。
(二)遵循企业会计准则的声明。
(三)重要会计政策的说明,包括财务报表项目的计量基础和会计政策的确定依据等。
(四)重要会计估计的说明,包括下一会计期间内很可能导致资产、负债账面价值重大调整的会计估计的确定依据等。
(五)会计政策和会计估计变更以及差错更正的说明。
(六)对已在资产负债表、利润表、现金流量表和所有者权益变动表中列示的重要项目的进一步说明,包括终止经营税后利润的金额及其构成情况等。

(七)或有和承诺事项、资产负债表日后非调整事项、关联方关系及其交易等需要说明的事项。

第三十四条 企业应当在附注中披露在资产负债表日后、财务报告批准报出日前提议或宣布发放的股利总额和每股股利金额(或向投资者分配的利润总额)。

第三十五条 下列各项未在与财务报表一起公布的其他信息中披露的,企业应当在附注中披露:

(一)企业注册地、组织形式和总部地址。

(二)企业的业务性质和主要经营活动。

(三)母公司以及集团最终母公司的名称。

附录三 企业会计准则第31号——现金流量表(2006)

第一章 总则

第一条 为了规范现金流量表的编制和列报,根据《企业会计准则——基本准则》,制定本准则。

第二条 现金流量表,是指反映企业在一定会计期间现金和现金等价物流入和流出的报表。

现金,是指企业库存现金以及可以随时用于支付的存款。

现金等价物,是指企业持有的期限短、流动性强、易于转换为已知金额现金、价值变动风险很小的投资。

本准则提及现金时,除非同时提及现金等价物,均包括现金和现金等价物。

第三条 合并现金流量表的编制和列报,适用《企业会计准则第33号——合并财务报表》。

第二章 基本要求

第四条 现金流量表应当分别经营活动、投资活动和筹资活动列报现金流量。

第五条 现金流量应当分别按照现金流入和现金流出总额列报。

但是下列各项可以按照净额列报：

（一）代客户收取或支付的现金。

（二）周转快、金额大、期限短项目的现金流入和现金流出。

（三）金融企业的有关项目，包括短期贷款发放与收回的贷款本金、活期存款的吸收与支付、同业存款和存放同业款项的存取、向其他金融企业拆借资金以及证券的买入与卖出等。

第六条　自然灾害损失、保险索赔等特殊项目，应当根据其性质，分别归并到经营活动、投资活动和筹资活动现金流量类别中单独列报。

第七条　外币现金流量以及境外子公司的现金流量，应当采用现金流量发生日的即期汇率或按照系统合理的方法确定的、与现金流量发生日即期汇率近似的汇率折算。汇率变动对现金的影响额应当作为调节项目，在现金流量表中单独列报。

第三章　经营活动现金流量

第八条　企业应当采用直接法列示经营活动产生的现金流量。

经营活动，是指企业投资活动和筹资活动以外的所有交易和事项。

直接法，是指通过现金收入和现金支出的主要类别列示经营活动的现金流量。

第九条　有关经营活动现金流量的信息，可以通过下列途径之一取得：

（一）企业的会计记录。

（二）根据下列项目对利润表中的营业收入、营业成本以及其他项目进行调整：

1. 当期存货及经营性应收和应付项目的变动；

2. 固定资产折旧、无形资产摊销、计提资产减值准备等其他非现金项目；

3. 属于投资活动或筹资活动现金流量的其他非现金项目。

第十条　经营活动产生的现金流量至少应当单独列示反映下列信息的项目：

（一）销售商品、提供劳务收到的现金。

（二）收到的税费返还。

（三）收到其他与经营活动有关的现金。

（四）购买商品、接受劳务支付的现金。

（五）支付给职工以及为职工支付的现金。

（六）支付的各项税费。

（七）支付其他与经营活动有关的现金。

第十一条　金融企业可以根据行业特点和现金流量实际情况，合理确定经营活动现金流量项目的类别。

第四章　投资活动现金流量

第十二条　投资活动,是指企业长期资产的购建和不包括在现金等价物范围的投资及其处置活动。

第十三条　投资活动产生的现金流量至少应当单独列示反映下列信息的项目：

（一）收回投资收到的现金。

（二）取得投资收益收到的现金。

（三）处置固定资产、无形资产和其他长期资产收回的现金净额。

（四）处置子公司及其他营业单位收到的现金净额。

（五）收到其他与投资活动有关的现金。

（六）购建固定资产、无形资产和其他长期资产支付的现金。

（七）投资支付的现金。

（八）取得子公司及其他营业单位支付的现金净额。

（九）支付其他与投资活动有关的现金。

第五章　筹资活动现金流量

第十四条　筹资活动,是指导致企业资本及债务规模和构成发生变化的活动。

第十五条　筹资活动产生的现金流量至少应当单独列示反映下列信息的项目：

（一）吸收投资收到的现金。

（二）取得借款收到的现金。

（三）收到其他与筹资活动有关的现金。

（四）偿还债务支付的现金。

（五）分配股利、利润或偿付利息支付的现金。

（六）支付其他与筹资活动有关的现金。

第六章　披露

第十六条　企业应当在附注中披露将净利润调节为经营活动现金流量的信息。至少应当单独披露对净利润进行调节的下列项目：

（一）资产减值准备。

（二）固定资产折旧。

（三）无形资产摊销。

(四)长期待摊费用摊销。
(五)待摊费用。
(六)预提费用。
(七)处置固定资产、无形资产和其他长期资产的损益。
(八)固定资产报废损失。
(九)公允价值变动损益。
(十)财务费用。
(十一)投资损益。
(十二)递延所得税资产和递延所得税负债。
(十三)存货。
(十四)经营性应收项目。
(十五)经营性应付项目。

第十七条 企业应当在附注中以总额披露当期取得或处置子公司及其他营业单位的下列信息:
(一)取得或处置价格。
(二)取得或处置价格中以现金支付的部分。
(三)取得或处置子公司及其他营业单位收到的现金。
(四)取得或处置子公司及其他营业单位按照主要类别分类的非现金资产和负债。

第十八条 企业应当在附注中披露不涉及当期现金收支,但影响企业财务状况或在未来可能影响企业现金流量的重大投资和筹资活动。

第十九条 企业应当在附注中披露与现金和现金等价物有关的下列信息:
(一)现金和现金等价物的构成及其在资产负债表中的相应金额。
(二)企业持有但不能由母公司或集团内其他子公司使用的大额现金和现金等价物金额。

附录四 企业会计准则第34号——每股收益(2006)

第一章 总则

第一条 为了规范每股收益的计算方法及其列报,根据《企业会计准则——基本准则》,制定本准则。

第二条 本准则适用于普通股或潜在普通股已公开交易的企业,以及正处于公开发行普通股或潜在普通股过程中的企业。

潜在普通股,是指赋予其持有者在报告期或以后期间享有取得普通股权利的一种金融工具或其他合同,包括可转换公司债券、认股权证、股份期权等。

第三条 合并财务报表中,企业应当以合并财务报表为基础计算和列报每股收益。

第二章 基本每股收益

第四条 企业应当按照归属于普通股股东的当期净利润,除以发行在外普通股的加权平均数计算基本每股收益。

第五条 发行在外普通股加权平均数按下列公式计算:

发行在外普通股加权平均数=期初发行在外普通股股数+当期新发行普通股股数×已发行时间÷报告期时间−当期回购普通股股数×已回购时间÷报告期时间

已发行时间、报告期时间和已回购时间一般按照天数计算;在不影响计算结果合理性的前提下,也可以采用简化的计算方法。

第六条 新发行普通股股数,应当根据发行合同的具体条款,从应收对价之日(一般为股票发行日)起计算确定。通常包括下列情况:

(一)为收取现金而发行的普通股股数,从应收现金之日起计算。

(二)因债务转资本而发行的普通股股数,从停计债务利息之日或结算日起计算。

(三)非同一控制下的企业合并,作为对价发行的普通股股数,从购买日起计算;同一控制下的企业合并,作为对价发行的普通股股数,应当计入各列报期间普通股的加权平均数。

(四)为收购非现金资产而发行的普通股股数,从确认收购之日起计算。

第三章 稀释每股收益

第七条 企业存在稀释性潜在普通股的,应当分别调整归属于普通股股东的当期净利润和发行在外普通股的加权平均数,并据以计算稀释每股收益。

稀释性潜在普通股,是指假设当期转换为普通股会减少每股收益的潜在普通股。

第八条 计算稀释每股收益,应当根据下列事项对归属于普通股股东的当期净利润进行调整:

(一)当期已确认为费用的稀释性潜在普通股的利息。

(二)稀释性潜在普通股转换时将产生的收益或费用。

上述调整应当考虑相关的所得税影响。

第九条 计算稀释每股收益时,当期发行在外普通股的加权平均数应当为计算基本每股收益时普通股的加权平均数与假定稀释性潜在普通股转换为已发行普通股而增加的普通股股数的加权平均数之和。

计算稀释性潜在普通股转换为已发行普通股而增加的普通股股数的加权平均数时，以前期间发行的稀释性潜在普通股，应当假设在当期期初转换；当期发行的稀释性潜在普通股，应当假设在发行日转换。

第十条　认股权证和股份期权等的行权价格低于当期普通股平均市场价格时，应当考虑其稀释性。计算稀释每股收益时，增加的普通股股数按下列公式计算：

增加的普通股股数＝拟行权时转换的普通股股数－行权价格×拟行权时转换的普通股股数÷当期普通股平均市场价格

第十一条　企业承诺将回购其股份的合同中规定的回购价格高于当期普通股平均市场价格时，应当考虑其稀释性。计算稀释每股收益时，增加的普通股股数按下列公式计算：

增加的普通股股数＝回购价格×承诺回购的普通股股数÷当期普通股平均市场价格－承诺回购的普通股股数

第十二条　稀释性潜在普通股应当按照其稀释程度从大到小的顺序计入稀释每股收益，直至稀释每股收益达到最小值。

第四章　列报

第十三条　发行在外普通股或潜在普通股的数量因派发股票股利、公积金转增资本、拆股而增加或因并股而减少，但不影响所有者权益金额的，应当按调整后的股数重新计算各列报期间的每股收益。

上述变化发生于资产负债表日至财务报告批准报出日之间的，应当以调整后的股数重新计算各列报期间的每股收益。

按照《企业会计准则第28号——会计政策、会计估计变更和差错更正》的规定对以前年度损益进行追溯调整或追溯重述的，应当重新计算各列报期间的每股收益。

第十四条　企业应当在利润表中单独列示基本每股收益和稀释每股收益。

第十五条　企业应当在附注中披露与每股收益有关的下列信息：

（一）基本每股收益和稀释每股收益分子、分母的计算过程。

（二）列报期间不具有稀释性但以后期间很可能具有稀释性的潜在普通股。

（三）在资产负债表日至财务报告批准报出日之间，企业发行在外普通股或潜在普通股股数发生重大变化的情况。

参考文献

[1] 财政部会计资格评价中心. 初级会计实务[M]. 北京:中国财经出版社,2010.

[2] 张志凤,周春利. 初级会计实务——轻松过关2[M]. 北京:北京大学出版社,2010.

[3] 中国注册会计师协会编. 会计[M]. 北京:中国财经出版社,2010.

[4] 王淑萍. 财务报告分析[M]. 北京:清华大学出版社,2007.

[5] 王淑萍,史建梁. 财务报告分析[M]. 北京:科学出版社,2005.

[6] 单喆敏. 上市公司财务报表分析[M]. 上海:复旦大学出版社,2005.

[7] 赵国祥. 财务报告分析[M]. 北京:北京大学出版社,2002.

[8] 王宛秋,张艳秋. 财务报表分析[M]. 北京:北京工业大学出版社,2010.

读者反馈表

尊敬的读者：

您好！感谢您多年来对哈尔滨工业大学出版社的支持与厚爱！为了更好地满足您的需要，提供更好的服务，希望您对本书提出宝贵意见，将下表填好后，寄回我社或登录我社网站（http://hitpress.hit.edu.cn）进行填写。谢谢！您可享有的权益：

☆ 免费获得我社的最新图书书目　　　　☆ 可参加不定期的促销活动
☆ 解答阅读中遇到的问题　　　　　　　☆ 购买此系列图书可优惠

```
读者信息
姓名_____   □先生  □女士   年龄_____   学历_____
工作单位_____   职务_____
E-mail_____   邮编_____
通讯地址_____
购书名称_____   购书地点_____
```

1. 您对本书的评价

内容质量　　□很好　　　□较好　　□一般　　□较差
封面设计　　□很好　　　□一般　　□较差
编　　排　　□利于阅读　□一般　　□较差
本书定价　　□偏高　　　□合适　　□偏低

2. 在您获取专业知识和专业信息的主要渠道中，排在前三位的是：
①_____　　　②_____　　　③_____
A. 网络　B. 期刊　C. 图书　D. 报纸　E. 电视　F. 会议　G. 内部交流　H. 其他：_____

3. 您认为编写最好的专业图书(国内外)

书名	著作者	出版社	出版日期	定价

4. 您是否愿意与我们合作，参与编写、编译、翻译图书？
_____

5. 您还需要阅读哪些图书？

```
网址:http://hitpress.hit.edu.cn
技术支持与课件下载:网站课件下载区
服务邮箱 wenbinzh@hit.edu.cn    duyanwell@163.com
邮购电话 0451-86281013    0451-86418760
组稿编辑及联系方式　赵文斌(0451-86281226)　杜燕(0451-86281408)
回寄地址：黑龙江省哈尔滨市南岗区复华四道街10号　哈尔滨工业大学出版社
邮编：150006　传真 0451-86414049
```